KB220052

"서로 친절하게 하며, 불쌍히 여기며, 서로 용서하기를 하나님이 그리스도 안에서 너희를 용서하심과 같이 하라" 에베소서 4:32

용서의 비결

날개미디어

"용서하면 응어리가 사라진다"

당신은 용서의 힘에 대해 아십니까?

나는 지금까지 용서의 힘을 여러 번 경험했습니다.

나 자신과 형제를 용서할 때 마음에 자유를 얻고 병이 치유되고 악한 영이 쫓겨 나갑니다. 용서는 내 힘으로 하려면 어렵지만 성령님의 힘으로 하면 쉽습니다. 이렇게 도움을 구하면 됩니다.

"성령님, 형제를 용서하게 해주세요."

용서하면 1분 만에 마음에 있는 응어리가 사라집니다.

용서하지 못하면 그 응어리가 굳어져 돌이 되고 나중엔 병이 되어 그로 인한 고통을 받고 악한 영의 괴롭힘을 당할 수도 있습니다.

응어리는 '가슴속에 쌓여 있는 한이나 불만 따위의 감정'을 말합니다. 당신은 어떤 응어리가 있습니까? 응어리가 많다고요?

왜 그 응어리가 생겼습니까?

"어릴 때 상처를 준 그 사람 때문이에요."

"그 사람의 옛 죄와 실수를 도저히 용서할 수 없어요."

"그 사람이 내게 정식으로 사과하지 않았어요."

"예수님도 형제가 와서 회개하면 용서해 주라고 했잖아요. 그가 내게 와서 '내가 잘못했다, 용서해 줘'라고 빌지 않았기 때문에 나는 그를 용서하지 않을 거예요. 이대로 평생 갈 거예요."

나도 그렇게 말한 적이 있었습니다. 나는 기도할 때 하나님 앞에서 "내게 상처 주고 온갖 모양으로 나를 괴롭히며 힘들게 한 사람들에 대해 너그러운 마음으로 다 용서합니다"라고 고백했습니다.

하지만 어떤 사람에 대해서는 도무지 용서가 되지 않았습니다.

나는 그 한두 명에 대해 어쩔 수 없다고 여겼습니다.

'100명 중에 98명을 용서했으니 한두 명 정도야 용서 안 한다고 무슨 일이 있겠어? 그 사람은 아직 용서할 때가 아니야. 언젠가는 그가 자기 잘못을 깨닫고 내게 찾아와 무릎 꿇고 용서를 구할 때가 올 거야. 그때 용서하면 돼. 그때까지는 나도 어쩔 수 없어. 막연히 기다리는 수밖에. 그 인간에 대한 내 마음이 얼음장 같이 차갑지만 그래도 괜찮아. 사랑은 불의를 기뻐하지 않는 거라고 했으니까.'

나는 그들을 용서할 의무가 없다고 생각했습니다.

그가 자기 잘못을 깨닫고 내게 찾아와 무릎 꿇고 용서를 구하는 날은 10년, 20년이 지나도 오지 않았습니다. 그것은 그 사람의 영역이었으며, 자신이 잘못했다는 것조차 모르는 것 같았습니다.

나는 그동안 용서하지 못한 마음이 응어리가 되어 있었습니다.

그 사람만 생각하면 분노가 끓어올랐습니다. 그러던 어느 날, 성령님께서 내 마음에 세미한 음성으로 놀라운 말씀을 하셨습니다.

'나는 그 사람을 다 용서했다. 그런데 너는 왜 내가 용서한 그 사람을 용서하지 못하느냐? 네가 나보다 큰 자냐?'

나는 깜짝 놀랐습니다.

'하나님이 그 사람의 죄를 다 용서하셨다고요?'

'그래, 내가 그 사람의 죄를 다 용서했다.'

'어떻게 그럴 수가 있나요? 그 사람은 나를 무시하고 내게 상처를 주고 내게 직접적인 죄를 지은 아주 못된 사람인데요.'

'그래 맞다. 그 사람은 네게 몇 가지 큰 죄를 지었고 많은 상처를 주었다. 하지만 그 이전에 그 사람은 나에게 억만 가지 죄를 지은 사람이었다. 그런데 내가 다 용서했다.'

'언제 그를 용서하셨습니까?'

'그가 예수를 구주로 믿을 때 과거와 현재와 미래의 죄까지 모두 용서받았다. 그는 죄가 없는 의인이다. 예수의 보혈이 그의 모든 죄와 실수를 하나도 남김없이 다 씻었다. 그는 흰옷을 입고 있다.'

그리고 주님은 이렇게 말씀하셨습니다.

'내가 용서한 사람이니까 너도 용서하라.'

나는 즉시 깨달음을 얻고 항복했습니다.

그리고 이렇게 기도했습니다.

"하나님이 용서하셨기 때문에 저도 용서합니다."

그러자 그 사람이 저절로 용서되어졌고 그동안 쌓여 있던 분노와 미운 감정이 한순간에 다 사라졌습니다. 며칠 후에 그를 만났는데 나쁜 감정이 하나도 없었습니다. 정말 신기하고 놀라웠습니다.

용서가 이렇게 쉽다니…….

진짜로 1분밖에 걸리지 않는 쉽고 간단한 일이었는데 이 문제로 10년이 넘도록 마음고생하고 있었던 것입니다.

당신은 어떤가요? 누구를 용서하지 못해서 수십 년간 힘들어하고 있습니까? 그 사람이 예수를 믿든 안 믿든 상관없이 하나님은 그 사람의 죄를 다 용서하셨습니다. "그는 우리 죄를 위한 화목 제물이니 우리만 위할 뿐 아니요 온 세상의 죄를 위하심이라."(요일 2:2)

그렇습니다. 예수님은 온 세상의 죄를 담당하셨습니다.

예수를 구주로 믿는 사람은 하나님의 용서를 받아들인 것이고 예수를 구주로 믿지 않는 사람은 하나님의 용서를 받아들이지 않았을 뿐입니다. 하나님은 그분의 독생자 예수 그리스도를 이 땅에 보내 온 세상의 죄를 속량하시는 작업을 2천년 전에 다 끝내셨습니다.

이제는 사람들이 해야 할 일만 남았습니다.

그것이 무엇일까요? 자신의 죄를 자복하고 버리는 것입니다.

"자기의 죄를 숨기는 자는 형통하지 못하나 죄를 자복하고 버리는 자는 불쌍히 여김을 받으리라."(잠 28:13)

어떤 사람이든 자신이 죄 사함을 받지 못하고 지옥으로 떨어지는 것은 하나님의 잘못이 아닙니다. 그 사람이 하나님의 용서를 받아들이지 않고 거절했기 때문입니다. 성경은 이렇게 말씀합니다.

"알지 못하던 시대에는 하나님이 간과하셨거니와 이제는 어디든지 사람에게 다 명하사 '회개하라' 하셨으니……."(행 17: 30)

당신도 이 책을 통해 은혜의 복음이 전해질 때 겸손한 마음으로 회개하고 예수를 구주로 믿고 영접하기 바랍니다. 그러면 예수님의 보혈의 권능으로 모든 죄를 사함 받고 성령으로 거듭나 하나님의 자녀가 되며 의인이 됩니다. 그리고 하나님이 당신의 억만 가지 옛 죄와 허물을 용서하신 것처럼 형제의 모든 옛 죄와 허물을 용서하기 바랍니다. 주님께서 우리 모두에게 용서를 명하셨습니다.

"내가 용서한 사람이니 너도 용서하라."

우리는 세 가지를 용서해야 합니다. 무엇일까요?

첫째, 당신 자신을 용서해야 합니다. 주님께서 말씀하십니다.
"너는 내가 용서한 사람이니 너도 용서하라."

둘째, 형제를 용서해야 합니다. 주님께서 말씀하십니다.
"그 형제는 내가 용서한 사람이니 너도 용서하라."

셋째, 형제만 아니라 원수까지도 용서해야 합니다.
"그 원수는 내가 용서한 사람이니 너도 용서하라."

예수님은 원수를 사랑하라고 말씀하셨습니다.
"또 네 이웃을 사랑하고 네 원수를 미워하라 하였다는 것을 너희가 들었으나 나는 너희에게 이르노니 너희 원수를 사랑하며 너희를 박해하는 자를 위하여 기도하라."(마 5:43~44)

하나님의 아들 예수님이 이 땅에 오신 목적은 원수 같은 사람들을 모두 심판하고 형벌을 내리기 위해서가 아닙니다. 그들을 용서하고 사랑하고 구원하기 위해서입니다. "하나님이 그 아들을 세상에 보내신 것은 세상을 심판하려 하심이 아니요 그로 말미암아 세상이 구원을 받게 하려 하심이라."(요 3:17)

하나님과 원수 된 사람들이 받아야 할 모든 심판과 형벌을 예수님이 십자가에서 대신 피와 물을 쏟으며 다 받으셨습니다. 당신이 예수를 구주로 믿으면 그 피로 말미암아 의롭다 하심을 받습니다.

성경은 말씀합니다. "우리가 아직 죄인 되었을 때에 그리스도께서 우리를 위하여 죽으심으로 하나님께서 우리에 대한 자기의 사랑을 확증하셨느니라. 그러면 이제 우리가 그의 피로 말미암아 의롭다 하심을 받았으니 더욱 그로 말미암아 진노하심에서 구원을 받을 것이니 곧 우리가 원수 되었을 때에 그의 아들의 죽으심으로 말미암아 하나님과 화목하게 되었은즉 화목하게 된 자로서는 더욱 그의 살아나심으로 말미암아 구원을 받을 것이니라."(롬 5:8~10)

물론 용서받았다고 같은 죄와 실수를 반복해도 된다는 말은 아닙니다. 예수님은 병자를 치유하신 후에 그들에게 다시는 죄를 짓지 말라고 강하게 말씀하셨습니다. "네가 나았으니 더 심한 것이 생기지 않게 다시는 죄를 범하지 말라."(요 5:14) 현장에서 간음하다 잡힌 여인에게도 "나도 너를 정죄하지 아니하노니 가서 다시는 죄를 범하지 말라"(요 8:11)고 하셨습니다. 거룩한 삶, 이것은 인간의 힘으로 안 됩니다. 그러므로 나는 성령님을 의지합니다.

사랑은 죄를 '용서'하는 것이지 '용납'하는 것이 아닙니다.

죄인은 사랑하되 죄는 미워해야 합니다. 죄의 삯은 사망입니다.

죄를 반복하는 것을 용납하지 마십시오. 죄는 모든 것을 파괴합니다. 어떻게 하면 죄를 짓지 않을 수 있을까요? 예수님이 죄를 이기는 방법을 말씀하셨습니다. "나는 세상의 빛이니 나를 따르는 자는 어둠에 다니지 아니하고 생명의 빛을 얻으리라."(요 8:12)

빛이신 예수님을 따르면 죄를 짓지 않게 됩니다.

하지만 그렇게 말씀하신 예수님은 지금 이 땅에 안 계십니다.

우리 대신 십자가에 못 박혀 죽은 지 사흘 만에 부활하신 후에 하늘로 올라가셨기 때문입니다. 그러면 어떻게 해야 할까요?

예수의 영이신 성령님을 좇아 살면 됩니다.

바울은 말했습니다. "육신을 따르지 않고 그 영을 따라 행하는 우리에게 율법의 요구가 이루어지게 하려 하심이니라."(롬 8:4)

어떻게 하면 성령님을 좇아 살 수 있을까요?

매일 아침에 이렇게 말씀드리며 성령님께 도움을 구하면 됩니다.

"성령님, 오늘도 거룩한 삶을 살게 해주세요."

그러면 성령님께서 죄 지을 생각이 안 나게 해주십니다.

용서는 1분 만에 끝나는 아주 쉽고 간단한 작업입니다.

용서하고 나면 불편한 감정이 다 사라집니다.

용서하고 나면 마음에 평화를 얻습니다.

용서하고 또 용서하십시오.

2024년 4월 15일

김열방 목사

[목차]

"서로 친절하게 하며, 불쌍히 여기며, 서로 용서하기를
하나님이 그리스도 안에서 너희를 용서하심과 같이 하라"

에베소서 4:32

내가 용서했으니 너도 용서하라

당신은 누구 때문에 마음에 분노가 생깁니까?

나도 내 기준에 맞지 않게 말하고 행동하는 사람을 보면 이해가 되지 않았고 하루에도 몇 번씩 마음에 분노가 일곤 했습니다.

'왜 저렇게 말하고 행동할까? 아, 짜증나고 화나!'

주님께서는 내게 생각을 바꾸라고 하셨습니다.

'아들아, 네가 그 사람보다 조금이라도 더 나은 줄로 생각하느냐? 아니다. 너는 예전에 그 사람보다 훨씬 더 심했다.'

주님은 내게 '티 마인드'를 버리고 '들보 마인드'를 가지라고 하셨습니다. 그 음성을 듣는 순간 내 인생이 바뀌기 시작했습니다.

어떻게 바뀌었을까요? 다른 사람의 눈에 있는 티를 보는 순간 내 눈에는 어떤 들보가 있는지 살피고 회개하게 된 것입니다.

들보 마인드를 가지라

당신도 티 마인드를 버리고 들보 마인드를 가지기 바랍니다.

예수님이 말씀하셨습니다. "어찌하여 형제의 눈 속에 있는 티는 보고 네 눈 속에 있는 들보는 깨닫지 못하느냐?"(마 7:3)

누구든지 자기 마음에 들지 않는 사람에 대해서는 미움과 분노가 쌓이게 되고 죽이고 싶다는 생각까지 들게 됩니다.

사람들은 미운 감정이 올라오면 이렇게 말합니다.

"제 남편을 죽이고 싶어요."

"제 동생이 미워 죽겠어요."

"직장 부하가 마음에 들지 않아요."

"부모님이 싫어요. 화가 나요."

"선생님을 가만 두지 않을 거예요."

왜 그런 마음이 생길까요? 상대방이 십계명을 어기는 명백한 죄를 지은 경우도 있지만 그렇지 않은 경우도 많습니다.

그 사람이 자기 기분을 상하게 했다는 것입니다.

"내 기분을 상하게 하다니, 괘씸하다. 가만 두지 않겠어."

요즘은 초등학교에 '기분상해죄'가 생겼다고 합니다.

담임 선생님이 안 좋은 말로 자기 아이의 기분을 상하게 했다고 극성 엄마가 교사를 아동학대죄로 법원에 고소한다는 것입니다.

어른들의 세계에는 이와 비슷한 '괘씸죄'가 있습니다.

다들 자기 기분 때문에 감정이 폭발하고 있습니다. 하루에도 몇 번씩 마음이 천국과 지옥을 오가며 심한 불안과 우울증에 시달립니다. 가인도 기분이 상한다고 아벨을 돌로 쳐 죽였습니다. "왜 하나님이 내 제사는 안 받고 동생 제사만 받으신 거야. 기분 나빠."

그는 왜 그런지를 깨닫고 겸손한 마음으로 회개해야 했습니다.

기분 따라 마구 분풀이하면 안 됩니다. 남의 눈의 티를 보지 말고 자기 눈의 들보를 봐야 합니다. 성령님께 도움을 구하십시오.

"성령님, 제 눈의 들보를 보게 해주세요."

나도 490번 잘못할 수 있다

지방에 사는 한 친구가 이런 이야기를 했습니다.

하루는 차를 운전해서 백화점에 가는데 일방통행 골목길 반대편에서 다른 차가 슬그머니 오더라는 겁니다. 기분이 나빠서 창문을 열고 소리를 질렀습니다. "여긴 일방통행입니다. 오시면 안 돼요."

말로는 점잖게 표현했지만 마음에서는 크게 분노했습니다.

'미친 놈 아냐? 일방통행 길을 거슬러 오는 건 역주행이야, 고속도로에서 역주행 했다면 대형 사고가 났어. 운전의 운자도 모르는 놈이 운전한다고 나왔어'라고 마음이 마구 떠들었다고 했습니다.

그 순간 마음에 성령님의 음성이 들려왔습니다.

'아들아, 너는 그 사람보다 더했다.'

'제가 언제요? 저는 역주행 한 적이 없습니다.'

'있다. 너의 회사에서 주차할 때 어떻게 하는지 생각해 봐.'

가만히 생각해 보니 그의 회사 주차장은 일방통행 입구였습니다.

일방통행 길을 꺾어 들어가자마자 1미터 입구에 주차장이 있었던 것입니다. 그 길이 아니고는 1킬로나 되는 골목길을 돌아서 주차해야 했습니다. 그래서 그는 당연하다는 듯이 매일 그 골목으로 들어가 자기 차를 주차하곤 했습니다. 오전 오후로 하루에 두 번씩 회사를 들락거렸으니 1년에 730번 역주행 했고 10년이면 7,300번 역주행 한 것입니다. 그는 깨달음을 얻고 회개했습니다.

"주여, 나를 용서하소서. 내가 죄인이로소이다."

다른 사람의 죄와 실수를 보면서 쉽게 분노하는 당신도 이렇게 많이 잘못할 수 있다는 사실을 알아야 합니다. "그 때에 베드로가 나아와 이르되 주여 형제가 내게 죄를 범하면 몇 번이나 용서하여 주리이까 일곱 번까지 하오리이까 예수께서 이르시되 네게 이르노니 일곱 번뿐 아니라 일곱 번을 일흔 번까지라도 할지니라."(마 18:21~22) 일곱 번을 일흔 번 죄를 범했으니 490번입니다.

들보는 티와 비교할 수 없는 큰 물건입니다. 들보는 건물을 지을 때 칸과 칸 사이의 두 기둥을 건너질러 두는 통나무를 말합니다.

당신도 혹시 자기 눈에 있는 들보는 보지 못하고 남의 눈에 있는 티만 보고 기분 나빠하지 않습니까? 기분 상하는 일이 많다고요?

당신은 그보다 백배, 천배, 만배 그렇게 다른 사람에게 기분 상하는 말과 행동을 했을 수도 있다는 사실을 알아야 합니다.

예수님이 현장에서 간음하다 잡힌 여인 앞에서 말씀하셨습니다.

"너희 중에 죄 없는 자가 먼저 돌로 치라."(요 8:7)

다른 사람의 죄는 티와 같고 당신의 죄는 들보와 같습니다. 다른 사람의 죄 때문에 분노하지 말고 자신을 돌아보고 회개하십시오.

상처는 저울의 작은 티끌 같다

이 땅에 사는 동안 기분 상하는 일이 전혀 없을 수는 없습니다.

나도 이 문제에 대해 고민하다가 해결책을 발견했습니다. 그게 무엇일까요? 그냥 '내 기분이 상해도 된다'고 생각하는 것입니다.

"내 기분이 상해도 된다고요? 그러면 상한 내 기분은 누가 어루만져 주나요? 나는 한 번 상처 받으면 그 상처가 오래 가요."

그런 경우는 생각을 크게 해야 합니다.

이사야 40장 15절에 "보라, 그에게는 열방이 통의 한 방울 물과 같고 저울의 작은 티끌 같으니라"고 했습니다. 여기서 '그에게는'이란 말은 성령님을 가리킵니다. "그 앞에는 모든 열방이 아무 것도 아니라. 그는 그들을 없는 것 같이, 빈 것 같이 여기시느니라"고 했습니다. 이런 성령님의 기름 부음이 우리 안에 강물처럼 흐르고 있습니다. 그래서 나는 '괜찮아. 이 정도는 아무것도 아니야. 저울의 작은 티끌은 저울의 무게에 영향을 못 끼쳐'라고 생각합니다.

당신도 그렇게 생각하기 바랍니다. 기분 상한 일이 있습니까?

미소를 지으며 이렇게 중얼거리십시오.

"괜찮아. 이 정도는 아무것도 아니야. 저울의 작은 티끌 같아."

생수의 강 같은 성령님을 자기 안에 모신 사람은 더 이상 상처 받지 않습니다. 강물이 흐르듯 생각도 너그럽게 흐릅니다. 나는 가끔 교회 앞에 있는 한강에 산책하러 갑니다. 쉬지 않고 흐르는 한강물을 보면 하나님의 부요하심과 너그러우심을 보게 됩니다.

"그 배에서 생수의 강이 흘러나오리라."(요 7:38)

한강은 바닷물의 짠 영향을 받지 않습니다. 강물이 바다로 흘러 들어가지 바닷물이 강으로 흘러 들어오지 않기 때문입니다.

수돗물도 그렇습니다. 수도꼭지는 틀면 물을 계속 내뿜기 때문에 바깥에 튀는 구정물의 영향을 받지 않습니다. 그 설거지한 구정물이 수도꼭지 안으로 들어가지 않습니다. 수도 파이프는 하는 일이 없습니다. 단지 배관이 길게 연결되어 있을 뿐인데 계속 물이 가득 차 있고 꼭지를 틀면 물이 끝도 없이 쏟아져 나옵니다. 이것이 성령 충만의 비결입니다. 믿음이란 파이프로 주님과 연결되어 있기만 하면 됩니다. 이런 사람은 그 배에서 성령의 기름 부음이 계속 흐르기 때문에 바깥으로부터 영향을 받거나 상처 받지 않습니다.

요한복음 4장 14절에 '솟아나는 샘물'에 대해 말씀합니다.

"내가 주는 물을 마시는 자는 영원히 목마르지 아니하리니 내가 주는 물은 그 속에서 영생하도록 솟아나는 샘물이 되리라."

바깥에서 먼지처럼 날리는 상처를 따라 살지 말고 안에서 영생하도록 솟아나는 샘물을 따라 사십시오. 그러면 상처 받지 않습니다.

당신이 받아야 할 상처는 예수님이 십자가에서 다 받으셨습니다.

여기에 대한 자세한 내용은 내가 쓴 〈상처 받지 않는 비결〉이란 책에 담았으니 구입해서 읽어보기 바랍니다. 많은 사람들이 교회에 다니면서 조금만 무슨 일이 생겨도 "상처 받았다. 시험에 들었다"고 말하며 울상을 짓습니다. 마귀에게 속고 있는 것입니다.

상처는 먼지와 티끌 같습니다. 아무것도 아닙니다.

"내게 상처 준 사람들의 모든 죄를 하나님이 용서하셨다."

그냥 툭툭 털면 그만입니다. 상처를 털지 못하는 이유는 용서하지 않기 때문이고 용서하고는 싶은데 성경적인 방법을 몰라서 그렇습니다. 나도 30년 만에 깨닫고 이 책을 쓰게 되었습니다.

당신은 이 책을 통해 하루 만에 깨닫게 될 것입니다.

눈에 흙이 들어가기 전에 용서하라

한 집사님이 이런 말을 하는 것을 들었습니다.

"내 눈에 흙이 들어가기 전에는 절대로 남편을 용서 못해요."

그분은 하루 종일 방언으로 기도하고 성경을 읽는 분이었습니다.

그런데 안타깝게도 용서에 대한 말씀은 깨닫지 못하고 막혀 있었습니다. 그로 인해 몸에 불치의 병이 생겼고 30년은 더 살 수 있었을 텐데 젊은 나이에 일찍 죽고 말았습니다. 사람들은 말합니다.

"신유의 능력을 받은 분에게 안수 받았으면 나았을 텐데요."

그분은 유명한 신유 사역자인 현신애 권사님에게 찾아가 여러 번 안수를 받았지만 효험이 없었습니다. 많은 경우, 용서하지 못하는 사람은 안수 받아도 신유의 능력이 역사하지 않습니다.

용서는 눈에 흙이 들어가기 전에 해야 합니다. 창세기에 "뱀이 흙을 먹고 살리라"고 했습니다. 아무리 방언 기도를 많이 하고 성경을 많이 읽어도 형제를 용서하지 못하면 그 사람의 몸은 마귀의 밥이 될 수도 있습니다. 당신은 누구를 용서하지 못하고 있습니까?

이 책을 읽고 다 용서하기 바랍니다. 당신 안에 용서의 능력이 가득합니다. 용서는 어려운 것이 아니라 쉽고 단순한 것입니다.

"하나님이 그 사람을 용서하셨기 때문에 나도 용서한다."

용서는 영이 아닌 마음의 영역이다

당신은 방언 기도를 많이 합니까?

나는 방언 기도를 많이 하는 편입니다. 보통 하루에 3~10시간 정도 방언을 말합니다. 산책하면서도 운전하면서도 방언을 말합니다. 방언은 영으로 성령님과 교통하는 아주 강력한 기도입니다.

나는 이러한 방언 기도의 능력에 대해 알고 가르칩니다. 그리고 내가 안수하는 사람마다 즉시 성령이 임하고 방언이 터집니다.

사도 바울은 '방언의 유익'에 대해 이렇게 기록했습니다.

"내가 만일 방언으로 기도하면 나의 영이 기도하거니와 나의 마음은 열매를 맺지 못하리라. 그러면 어떻게 할까 내가 영으로 기도하고 또 마음으로 기도하며 내가 영으로 찬송하고 또 마음으로 찬송하리라. 그렇지 아니하면 네가 영으로 축복할 때에 알지 못하는 처지에 있는 자가 네가 무슨 말을 하는지 알지 못하고 네 감사에 어찌 아멘 하리요 너는 감사를 잘하였으나 그러나 다른 사람은 덕 세움을 받지 못하리라. 내가 너희 모든 사람보다 방언을 더 말하므로 하나님께 감사하노라."(고전 14:14~18)

방언 기도의 유익이 얼마나 대단합니까?

방언 기도는 100퍼센트 영의 기도입니다.

방언 기도는 100퍼센트 찬송 기도입니다.

방언 기도는 100퍼센트 축복 기도입니다.

방언 기도는 100퍼센트 감사 기도입니다.

그렇습니다. 방언을 많이 말하면 자기의 덕을 세우고 영이 강해지고 능력이 나타납니다. 방언은 육신의 기도가 아닌 영의 기도입니다. 방언은 신세타령이 아닌 찬송 기도입니다. 방언은 저주 기도가 아닌 축복 기도입니다. 방언은 원망 기도가 아닌 감사 기도입니다. 방언에는 기도에 대한 모든 좋은 기능이 담겨 있습니다. 하지만 방언에 포함되지 않은 것이 하나 있습니다. 그게 무엇일까요?

용서입니다. 용서는 방언 기도와 별개의 문제입니다.

어떤 사람은 방언이면 만사형통인 것처럼 말합니다.

"방언 기도를 많이 하면 그 안에 다 들어 있는 거 아닌가요?"

아닙니다. 용서가 빠져 있습니다. 용서는 영으로 하는 것이 아니기 때문입니다. 용서는 마음으로 하는 것입니다. 성경은 "영으로 형제를 용서하라"고 하지 않았습니다. "마음으로 형제를 용서하라"고 했습니다. 마태복음 18장 35절에 예수님이 말씀하셨습니다.

"너희가 각각 마음으로부터 형제를 용서하지 아니하면 나의 하늘 아버지께서도 너희에게 이와 같이 하시리라."

영과 마음과 몸의 역할이 다르다

영의 역할과 마음의 역할, 몸의 역할은 각각 다릅니다.

첫째, 영의 역할은 주와 합하는 것입니다.

"주와 합하는 자는 한 영이니라."(고전 6:17)

둘째, 마음의 역할은 회개하고 믿고 용서하고 사랑하는 것입니다. "너희는 마음을 찢고 너희 하나님 여호와께로 돌아올지어다"(욜 2:13)라고 했지 영을 찢고 하나님께로 돌아오라고 하지 않았습니다. "사람이 마음으로 믿어 의에 이른다"(롬 10:10)고 했지 영으로 믿어 의에 이른다고 하지 않았습니다. "각각 마음으로부터 형제를 용서하라"(마 18;35)고 했지 영으로부터 형제를 용서하라고 하지 않았습니다. "너는 마음을 다해 하나님을 사랑하라"(신 6:5)고 했지 영을 다해 하나님을 사랑하라고 하지 않았습니다.

회개와 믿음과 용서와 사랑은 영이 할 수 없고 마음이 하는 고유의 역할입니다. 마음은 영과 몸에 연결되어 반응합니다.

셋째, 몸의 역할은 성전이 되어 성령님을 모시는 것입니다.

"너희 몸은 너희가 하나님께로부터 받은 바 너희 가운데 계신 성령의 전인 줄을 알지 못하느냐? 너희는 너희 자신의 것이 아니라"(고전 6:19)고 했습니다. 여기서 분명히 '몸'이라고 했습니다.

몸이 성령의 전입니다. 영이나 마음이 성령의 전이 아닙니다.

많은 교사들이 영을 강조하다 보니 영 안에 성령님이 계신다고 가르칩니다. 하지만 성경은 다르게 말합니다. 영은 성령님과 합하는 존재입니다. 성령님은 몸 안에 거하십니다. 전도한 후에도 "하나님이 마음에 계신다"고 가르치는 분이 있습니다. 정확한 표현은 "하나님이 당신의 몸을 성전 삼고 당신의 몸 안에 계신다"입니다.

예수님이 "나를 믿는 자는 그 영과 마음에서 생수의 강이 흘러나

오리라"고 하지 않고 "성경에 이름과 같이 그 배에서 생수의 강이 흘러나오리라"고 하셨습니다. 배는 영이나 마음이 아닌 몸입니다.

영과 마음과 몸, 이 세 가지 중에서 용서의 기능을 담당하는 곳은 마음입니다. "각각 마음으로부터 형제를 용서하라."(마 18;35)

방언 기도를 하루에 10시간 하든, 20시간을 하든 자유입니다. 하지만 반드시 당신의 마음에서 형제를 진심으로 용서해야 합니다.

하루 종일 방언 기도를 해도, 40일 금식 기도를 해도 마음으로 형제를 용서하지 않으면 '용서의 문제'는 해결되지 않습니다.

사람들이 아무리 40일 금식해도 마음으로 예수를 구주로 믿지 않으면 의에 이를 수 없고 입술로 예수를 구주로 시인하지 않으면 구원에 이를 수 없습니다. 40일 금식 안 해도 마음으로 예수를 구주로 믿으면 의에 이를 수 있고 입술로 예수를 구주로 시인하면 구원에 이릅니다. 마음으로 믿어 의에 이르고 입으로 시인하여 구원에 이르는 것은 1분 만에 가능합니다. 이것이 구원을 결정짓습니다.

마음의 역할이 얼마나 중요한지 알겠습니까? 금식은 몸의 영역이며, 금식하더라도 마음을 찢고 회개하는 문제는 별개입니다.

이사야 58장 4~5절에 '마음이 없는 금식'에 대해 질책합니다.

"보라, 너희가 금식하면서 논쟁하며 다투며 악한 주먹으로 치는 도다. 너희가 오늘 금식하는 것은 너희의 목소리를 상달하게 하려는 것이 아니니라. 이것이 어찌 내가 기뻐하는 금식이 되겠으며, 이것이 어찌 사람이 자기의 마음을 괴롭게 하는 날이 되겠느냐?"

하나님은 마음으로 당신을 용서하셨습니다.

당신도 마음으로 형제를 용서하십시오.

상처 준 사람을 용서하고 툭툭 털어라

당신도 혹시 교회에서 상처를 많이 받았습니까?

상처 받지 않았다는 사람을 만나기 어려울 정도입니다.

제발 교회에서 상처 받았다는 말을 입버릇처럼 하지 마십시오.

상처 받았다는 말의 다른 의미는 "용서하지 못한다"입니다.

용서하는 사람은 상처 받지 않습니다. 상처는 공기 중에 날아다니는 먼지와 같습니다. 툭툭 털고 "다 용서했어"라고 말하면 됩니다. 부활하신 예수님이 제자들에게 말씀하셨습니다.

"나를 믿는 자는 무슨 독을 마실지라도 해를 받지 않는다. 너희가 병든 사람에게 손을 얹으면 나으리라."

무슨 독을 마실지라도 해를 받지 않는다는 것은 상처 받지 않는다는 말이고, 병든 사람에게 손을 얹는다는 것은 상처를 치유한다는 말입니다. 당신은 용서하고 치유하는 위치에 있습니다.

바울은 선교 여행 중에 한 섬에서 독사에게 물렸지만 즉시 툴툴 털었습니다. 그리고 그곳의 병든 자들에게 안수해서 치유해 주었습니다. 바울은 상처 받지 않았고 용서했습니다. 성경을 보십시오.

[우리가 안전하게 목숨을 구한 뒤에야 비로소 그 곳이 몰타 섬이라는 것을 알았다. 섬사람들이 우리에게 특별한 친절을 베풀어 주었다. 비가 내린 뒤라서 날씨가 추웠으므로 그들은 불을 피워서 우리를 맞아 주었다. 바울이 나뭇가지를 한 아름 모아다가 불에 넣으니 뜨거운 기운 때문에 독사가 한 마리 튀어나와서 바울의 손에 달라붙었다. 섬사람들이 그 뱀이 바울의 손에 매달려 있는 것을 보고 "이 사람은

틀림없이 살인자다. 바다에서는 살아 나왔지만 정의의 여신이 그를 그대로 살려 두지 않는다" 하고 서로 말했다. 그런데 바울은 그 뱀을 불 속에 떨어버리고 아무런 해도 입지 않았다. 섬사람들은 그가 살이 부어오르거나 당장 쓰러져 죽으려니 하고 생각하면서 기다렸다. 그런데 오랫동안 기다려도 그에게 아무런 이상이 생기지 않자 그들은 생각을 바꾸어서 그를 신이라고 하였다. 그 근처에 그 섬의 추장인 보블리오가 농장을 가지고 있었다. 그가 우리를 그리로 초대해서 사흘 동안 친절하게 대접해 주었다. 마침 보블리오의 아버지가 열병과 이질에 걸려서 병석에 누워 있었다. 그래서 바울은 들어가서 기도하고 그에게 손을 얹어서 낫게 해주었다. 이런 일이 일어나니 그 섬에서 병을 앓고 있는 다른 사람도 찾아와서 고침을 받았다. 그들은 극진한 예로 우리를 대하여 주었고 우리가 떠날 때에는 우리에게 필요한 물건들을 배에다가 실어 주었다.(행 28:1~10)]

이미 상처 받았다고요? 끝도 없이 상처 받고 있다고요?
그 상처를 저울의 작은 티끌 같이 여기십시오.
옷에 묻은 먼지를 터는 것처럼 툴툴 털어 버리십시오.
"아무것도 아니야. 괜찮아. 다 용서했어."
기분 상하게 한 사람의 죄와 실수에 대해 이렇게 말하십시오.
"하나님이 그 사람을 용서하셨으므로 나도 용서했어."

기대치를 100이 아닌 0으로 잡으라

얼마 전에 용서했는데 또 상처 받았다고요?

당신의 기대치가 높아서 그렇습니다. 기대치를 낮추십시오.

사람에 대한 기대치를 0으로 잡으면 기분 상할 일이 없습니다.

기대치를 100으로 잡으면 상대방이 1만 못해도 기분이 상하게 됩니다. 기대치를 0으로 잡으면 상대방이 1만 잘해도 기분이 좋아집니다. 원래 그의 존재감은 당신에게 0이었습니다. 함께 지내면서 존재감이 생기고 당신의 마음에서 그에 대한 기대치를 자꾸 높이니까 나중에는 1만 못해도 짜증나고 화가 나는 것입니다.

기대치를 낮추고 너그러운 마음을 가지십시오.

'왜 내가 생각하는 것만큼 나를 존중해 주지 않는 거야?'라고 생각하지 마십시오. 당신이 생각하는 것만큼 당신을 존중해 주는 사람은 어디에도 없습니다. 사랑하는 부부가 함께 먹고 마시며 100년을 살아도 그렇게 되지 않습니다. 100세가 되었는데도 "내가 그동안 남편에게 무시당하며 살아왔어, 섭섭해"라고 말하며 하루에도 몇 번씩 이혼을 결심하는 사람도 있습니다. 그 사람은 자신이 무시당한 것만 생각할 것입니다. 하지만 자신이 남편을 더 많이 무시했을 수도 있다는 사실을 생각해야 합니다. 이것이 '들보 마인드'입니다. 그러므로 조금이라도 섭섭한 일이 있으면 상대방을 원망할 것이 아니라 자신을 살펴야 합니다. 예수님이 말씀하셨습니다.

"그러므로 무엇이든지 남에게 대접을 받고자 하는 대로 너희도 남을 대접하라. 이것이 율법이요 선지자니라."(마 7:12)

내가 용서했으니 너도 용서하면 안 되겠니?

당신은 아직 용서하지 못한 형제가 있습니까?

나는 하나님의 용서하심으로 모든 형제를 용서했습니다.

내가 형제의 옛 죄와 실수에 대해 용서하기 전까지는 내 마음이 늘 불편했지만 용서하니까 마음이 편안하고 자유로워졌습니다.

예수님은 용서에 대한 많은 가르침을 하셨지만 핵심과 결론은 하나입니다. "내가 용서했으니 너도 용서하면 안 되겠니?"

하루는 예수님이 탕자 비유로 용서에 대해 가르치셨습니다.

[어떤 사람에게 두 아들이 있는데 그 둘째가 아버지에게 말하되 "아버지여, 재산 중에서 내게 돌아올 분깃을 내게 주소서" 하는지라. 아버지가 그 살림을 각각 나눠 주었더니 그 후 며칠이 안 되어 둘째 아들이 재물을 다 모아 가지고 먼 나라에 가 거기서 허랑방탕하여 그 재산을 낭비하더니 다 없앤 후 그 나라에 크게 흉년이 들어 그가 비로소 궁핍한지라. 가서 그 나라 백성 중 한 사람에게 붙여 사니 그가 그를 들로 보내어 돼지를 치게 하였는데 그가 돼지 먹는 쥐엄 열매로 배를 채우고자 하되 주는 자가 없는지라. 이에 스스로 돌이켜 이르되 "내 아버지에게는 양식이 풍족한 품꾼이 얼마나 많은가? 나는 여기서 주려 죽는구나. 내가 일어나 아버지께 가서 이르기를 '아버지, 내가 하늘과 아버지께 죄를 지었사오니 지금부터는 아버지의 아들이라 일컬음을 감당하지 못하겠나이다. 나를 품꾼의 하나로 보소서' 하리라" 하고 이에 일어나서 아버지께로 돌아가니라. 아직도 거리가 먼데 아버지가 그를 보고 측은히 여겨 달려가 목을 안고 입을 맞추니 아들이 이르되 "아버지, 내가 하늘과 아버지께 죄를 지었사오니 지금부터는 아버지의 아들이라 일컬음을 감당하지 못하겠나이다" 하나 아버지는 종들에게 이르되 "제일 좋은 옷을 내어다가 입히고 손에 가락지

를 끼우고 발에 신을 신기라. 그리고 살진 송아지를 끌어다가 잡으라. 우리가 먹고 즐기자, 이 내 아들은 죽었다가 다시 살아났으며 내가 잃었다가 다시 얻었노라" 하니 그들이 즐거워하더라. 맏아들은 밭에 있다가 돌아와 집에 가까이 왔을 때에 풍악과 춤추는 소리를 듣고 한 종을 불러 "이 무슨 일인가?" 물은대 대답하되 "당신의 동생이 돌아왔으매 당신의 아버지가 건강한 그를 다시 맞아들이게 됨으로 인하여 살진 송아지를 잡았나이다" 하니 그가 노하여 들어가고자 하지 아니하거늘 아버지가 나와서 권한대 아버지께 대답하여 이르되 "내가 여러 해 아버지를 섬겨 명을 어김이 없거늘 내게는 염소 새끼라도 주어 나와 내 벗으로 즐기게 하신 일이 없더니 아버지의 살림을 창녀들과 함께 삼켜 버린 이 아들이 돌아오매 이를 위하여 살진 송아지를 잡으셨나이다." 아버지가 이르되 "얘, 너는 항상 나와 함께 있으니 내 것이 다 네 것이로되 이 네 동생은 죽었다가 살아났으며 내가 잃었다가 얻었기로 우리가 즐거워하고 기뻐하는 것이 마땅하다" 하니라. (눅 15:11~32)]

이 말씀에서 우리는 귀한 깨달음을 얻을 수 있습니다.

둘째 아들이 아버지에게 재산을 달라고 했을 때 아버지는 첫째 아들과 둘째 아들 모두에게 '각각 재산을 나눠 주었다'고 했습니다.

둘째 아들만 받은 것이 아니라 첫째 아들도 받았습니다.

그런데 그는 하나도 누리지 못했습니다. 자기가 받은 재산으로 스스로 살진 송아지를 잡아 친구들과 잔치할 수도 있었습니다.

아버지가 너그러운 마음으로 엄청난 재산을 각각 나눠주었는데 왜 염소 새끼 한 마리도 안 잡아 주는 인색한 아버지로 알고 있었던 걸까요? 아버지의 뜻은 두 아들 모두 부요하게 누리며 사는 것이었습니다. 아버지가 첫째 아들에게 말했습니다.

"얘, 너는 항상 나와 함께 있으니 내 것이 다 네 것이다."

아버지가 둘째 아들을 용서했는데 첫째 아들은 그를 용서하지 못하고 불평과 분노가 가득 차 있었습니다. 아버지는 "내가 둘째를 용서했으니 너도 용서하고 함께 즐거워하자"고 했습니다.

"이 네 동생은 죽었다가 살아났다. 내가 잃었다가 얻었다. 그러니 '우리가' 즐거워하고 기뻐하는 것이 마땅하다."

우리의 작은 용서는 아버지의 큰 용서 안에 들어 있습니다.

"아버지가 용서했으니 나도 용서하는 것이 마땅하다."

사실 아버지가 동생의 죄를 다 용서했기 때문에 형이 용서하는 것은 의미가 없었습니다. 단지 그의 마음에서 용서할 뿐입니다.

동생이 형의 재산을 탕진한 것이 아니었습니다. 아버지의 재산을 탕진했습니다. 그래서 동생은 "내가 아버지께 죄를 지었다"고 고백했고 아버지께 용서받기 위해 집으로 돌아왔던 것입니다.

동생은 아버지와의 관계에서 죄를 지었고 아버지께 직접 용서받았습니다. 그러면 다 끝난 것입니다. 하지만 형은 그 사실 곧 아버지의 용서를 자기 마음에서 인정하고 받아들일 수 없었습니다.

우리의 용서 문제도 이와 같습니다. 이미 하나님 아버지가 모든 사람의 죄를 다 용서하셨습니다. 억만금보다 큰 죄 값은 예수님이 십자가에서 피와 땀과 눈물을 흘리며 1원도 남김없이 다 속량하셨습니다. 우리가 형제를 용서하는 것은 무엇일까요? 하나님이 이미 용서하신 사람을 인정하고 받아들이는 작고 쉬운 문제입니다.

"그 사람은 하나님이 아닌 내게 죄를 지었는데요?"

맞습니다. 하지만 그 사람이 당신에게 지은 그 죄에 대한 값도 예수님이 십자가에서 다 지불하셨습니다. 그러므로 형제를 정죄하지 말아야 합니다. 여러 명이 버스에 탈 때 한 사람이 차비를 다 지불한 것과 같습니다. 여러 명이 식사하러 갔을 때 한 사람이 식사비를 다 지불한 것과 같습니다. 하나님은 예수님의 피를 통해 온 인류의 죄 값을 지불하셨습니다. 이것이 "다 이루었다"(요 19:30)는 말씀의 의미입니다. 예수님은 우리 죄를 위한 화목 제물만이 아닙니다.

그분은 우리만 위할 뿐 아니요 온 세상의 죄를 위하셨습니다.

"그는 우리 죄를 위한 화목 제물이니 우리만 위할 뿐 아니요 온 세상의 죄를 위하심이라."(요일 2:2)

그러므로 온 세상 사람들을 당신의 마음에서 용서해야 합니다.

지금 입술을 열어 이렇게 용서의 기도를 하십시오.

"사랑하는 하나님, 저도 용서의 능력을 경험하기 원합니다. 하나님의 아들 예수님은 우리 죄를 위한 화목 제물입니다. 그리고 우리만 위할 뿐 아니요 온 세상의 죄를 위하여 죽으셨습니다. 그러므로 하나님은 그리스도 안에서 우리와 온 세상 사람들의 죄를 다 용서하셨습니다. 제가 이 사실을 인정하고 받아들입니다. 제 마음에서도 나 자신과 온 세상 사람들의 모든 죄를 용서합니다. 나 자신과 다른 사람들을 정죄하는 마음이 사라지고 나쁜 마음이 조금도 생기지 않게 해주세요. 예수님의 이름으로 기도합니다. 아멘."

부모와 집안 식구를 용서하라

당신은 부모를 마음에서 용서한 적이 있습니까?

나는 부모님을 마음에서 다 용서했습니다. 내게는 부모님께 섭섭한 마음이 1도 없습니다. 항상 고맙고 사랑하고 존경할 뿐입니다.

하나님은 "네 부모를 공경하라"(마 19:19)고 명령하셨습니다.

아버지, 사랑합니다

미국의 작가 조쉬 맥도웰은 단독과 공동 저자로 150권이 넘는 책을 저술하고 3,500만 명의 청년들에게 복음을 전한 작가이자 강연가입니다. 그는 20세에 예수님을 만나고 변화되었습니다.

하지만 그는 어린 시절에 집안 식구에게 너무 많은 상처를 받아 정서적으로 불안정하고 마음이 파산했고 성질도 대단했습니다.

그는 술만 마시면 자신과 어머니에게 무차별로 폭행한 아버지를 기회만 되면 반드시 부엌칼로 찔러 죽이겠다고 결심했습니다.

그런 그가 예수님을 만난 후에 용서의 능력으로 변화되었습니다.

그는 그동안 쌓였던 미움과 분노, 증오를 다 버리고 아버지를 찾아가 "아버지, 사랑합니다"라고 고백하며 전도했습니다.

그로 인해 아버지가 즉시 예수님을 구주로 영접했고 그 일로 아버지 주변의 20명의 사람들이 예수님을 믿고 변화되었습니다.

성추행한 사람을 용서하다

또한 그는 자신의 집과 농장에서 일하는 '웨인'이란 아저씨에게 여섯 살 때부터 수년 간 성추행을 당했습니다. 그 아저씨를 미워하고 증오하던 중 열세 살 때 드디어 기회가 와서 목을 졸라 죽이려고 했는데, 숨이 넘어갈 쯤에 겨우 정신을 차리고 손을 멈추었습니다.

그도 나중에 찾아가서 옛 죄를 다 용서했습니다.

그는 전도할 때 셀 수 없을 정도로 많은 사람들에게 욕을 먹으며 크고 작은 상처를 받았습니다. 그가 예수님 이야기를 꺼내면 사람들은 "미쳤다. 말도 안 된다. 엉뚱하다"며 비아냥댔습니다. 하지만 그는 용서의 하나님이 자신과 그들의 죄를 다 용서했기 때문에 그들 모두를 용서한다고 했습니다. 그는 말하길 "용서는 감정이 아닌 순종이다. 순종한 후에 결과는 주님께 맡긴다"고 했습니다.

예수님도 자신을 십자가에 못 박는 사람들을 용서하셨습니다.

"해골이라 하는 곳에 이르러 거기서 예수를 십자가에 못 박고 두 행악자도 그렇게 하니 하나는 우편에, 하나는 좌편에 있더라. 이에 예수께서 이르시되 '아버지, 저들을 사하여 주옵소서. 자기들이 하는 것을 알지 못함이니이다' 하시더라."(눅 23:33~34)

당신은 용서하지 못한 어떤 사람이 있습니까? 용서하십시오.

일흔 번씩 일곱 번 용서하라

마태복음 18장 21~35절에 '용서에 대한 비유'가 나옵니다.

예수님께서 제자들에게 어떻게 형제를 용서해야 하는지에 대해 일만 달란트 빚진 자의 비유를 들어 자세히 가르치셨습니다.

[그 때에 베드로가 예수께 다가와서 말했다. "주님, 내 형제가 나에게 자꾸 죄를 지으면 내가 몇 번이나 용서하여 주어야 합니까? 일곱 번까지 하여야 합니까?" 예수께서 대답하셨다. "일곱 번만이 아니라 일흔 번을 일곱 번이라도 하여야 한다. 그러므로 하늘나라는 마치 자기 종들과 셈을 가리려고 하는 어떤 왕과 같다. 왕이 셈을 가리기 시작하니 만 달란트 빚진 종 하나가 왕 앞에 끌려왔다. 그런데 그는 빚을 갚을 돈이 없으므로 주인은 그 종에게 자신과 그 아내와 자녀들과 그 밖에 그가 가진 것을 모두 팔아서 갚으라고 명령하였다. 그랬더니 종이 그 앞에 무릎을 꿇고 '참아 주십시오. 다 갚겠습니다' 하고

애원하였다. 주인은 그 종을 가엾게 여겨서 그를 놓아주고 빚을 없애 주었다. 그러나 그 종은 나가서 자기에게 백 데나리온 빚진 동료 하나를 만나자 붙들어서 멱살을 잡고 말하기를 '내게 빚진 것을 갚아라' 하였다. 그 동료는 엎드려 간청하였다. '참아 주게. 내가 갚겠네.' 그러나 그는 들어주려 하지 않고 가서 그 동료를 감옥에 집어넣고 빚진 돈을 갚을 때까지 갇혀 있게 하였다. 다른 종들이 이 광경을 보고 매우 딱하게 여겨서 가서 주인에게 그 일을 다 일렀다. 그러자 주인이 그 종을 불러다 놓고 말하였다. '이 악한 종아, 네가 애원하기에 나는 너에게 그 빚을 다 없애 주었다. 내가 너를 불쌍히 여긴 것처럼 너도 네 동료를 불쌍히 여겼어야 할 것이 아니냐?' 주인이 노하여 그를 형무소 관리에게 넘겨주고 빚진 것을 다 갚을 때까지 가두어 두게 하였다. 너희가 각각 진심으로 자기 형제자매를 용서해 주지 않으면 나의 하늘 아버지께서도 너희에게 그와 같이 하실 것이다."]

여기서 용서에 대한 놀라운 깨달음을 얻어야 합니다.

형제가 당신에게 죄를 범하면 일곱 번 뿐 아니라 일흔 번씩 일곱 번이라도 용서해야 합니다. 왜 그럴까요? 하나님이 당신과 그 형제를 보혈의 권능으로 그렇게 많이 용서하셨기 때문입니다.

"그 형제가 내게 찾아와 회개할 때만 용서해야 하지 않나요?"

그렇지 않습니다. 당신도 하나님께 낱낱이 회개하지 못한 죄가 있습니다. 그래서 사람들이 "하나님, 우리가 알고 지은 죄, 모르고 지은 죄를 용서하여 주세요"라고 기도하는 것입니다.

유대인들은 "나는 드러나게 십계명을 어긴 죄를 지은 적이 없다"고 말했습니다. 하지만 예수님은 전혀 다른 말씀을 하셨습니다.

"내가 너희에게 말한다. 너희의 의가 율법학자들과 바리새파 사람들의 의보다 낫지 않으면 너희는 하늘나라에 들어가지 못할 것이다. 옛 사람들에게 말하기를 '살인하지 말라. 누구든지 살인하는 사람은 재판을 받아야 할 것이다'라고 한 것을 너희는 들었다. 그러나 나는 너희에게 말한다. 자기 형제나 자매에게 성내는 사람은 누구나 심판을 받는다. 자기 형제나 자매에게 얼간이라고 말하는 사람은 누구나 공의회에 불려 갈 것이요 또 바보라고 말하는 사람은 지옥 불 속에 던져질 것이다. '간음하지 말라'고 말한 것을 너희는 들었다. 그러나 나는 너희에게 말한다. 여자를 보고 음욕을 품는 사람은 이미 마음으로 그 여자를 범하였다."(마 5:20~22, 27~28)

우리 모두는 이 땅에서 사는 동안 셀 수 없을 만큼 많이 형제에게 이유 없이 화를 냈고 여자를 보고 음욕을 품었습니다.

"그렇게 화를 낼 만한 합당한 이유가 있었다고요."

자기 기준인 경우가 많습니다. 사람들은 대체로 자기 기준에 맞지 않으면 화를 냅니다. 그것은 화를 낼 이유가 못 됩니다. 그렇게 화를 내면 자기 기분은 풀리겠지만 상대방은 상처를 받게 되고 양쪽 모두 마귀에게 틈을 주게 됩니다. 그러면 화를 낸 자신과 화풀이를 당한 상대방 모두에게 손해입니다. 화풀이를 당한 사람은 자신이 뭘 잘못했는지도 모르는데 일방적으로 당하며 마음이 상하기 때문에 악한 영이 틈탈 수 있고 이 때 '분노의 영'이 들어갑니다.

"누구든지 형제에게 이유 없이 화내는 사람은 재판을 받고 자기 형제를 어리석다고 욕하는 사람은 법정에 끌려가게 될 것이며 '이 미련한 놈아!'라고 말하는 사람은 지옥 불에 들어갈 것이다."

이러한 심판은 죽어서 받는 것이 아닌 이 땅에서 받는 것입니다.

이 땅에서 재판을 받고 법정에 끌려가게 되고 지옥 불에 들어간다는 말입니다. 이러한 고문은 이 땅에서 옥졸 역할을 하는 악한 영에 의해 이뤄집니다. 그래서 많은 사람들이 악한 영에게 공격을 받고 정신적인 질병과 육체적인 질병에 걸리게 되는 것입니다.

당신도 그런 죄가 있다면 지금 하나님 앞에 회개하십시오.

"하나님, 제가 이유 없이 분노한 것을 용서해 주세요."

당신이 갖고 있는 억만 가지 기준들을 내려놓으십시오.

"아이가 예배 시간에 10분 지각했어요. 참을 수 없어요."

당신이 아이였을 때를 돌이켜 보십시오. 당신은 20분 지각한 적도 있고 예배에 빼 먹은 적도 많았을 것입니다. 윗대로 2, 3대만 올라가면 다 우상을 숭배했고 교회는 한 번도 나가지 않았습니다.

우리 모두는 다른 사람의 눈에 있는 티를 보고 분노하고 정죄하고 책망할 것이 아니라 자신의 눈에 있는 들보를 보아야 합니다.

예수님이 말씀하셨습니다. "너는 네 눈 속에 있는 들보를 보지 못하면서 어떻게 남에게 '친구야, 내가 네 눈 속에 있는 티를 빼내 줄 테니 가만히 있어라' 하고 말할 수 있겠느냐? 위선자야, 먼저 네 눈에서 들보를 빼내어라. 그리해야 그 때에 네가 똑똑히 보게 되어서 남의 눈 속에 있는 티를 빼 줄 수 있을 것이다."(눅 6:42)

일만 달란트 빚을 탕감 받았다

당신은 일만 달란트 빚을 탕감 받은 신하입니다.

현 시세로 금 한 달란트가 20억입니다. 일만 달란트면 20조 원 정도의 큰 금액입니다. 이 돈은 당신이 가진 모든 것을 내놓아도 갚을 수 없는 엄청난 금액인데 왕에게 모두 탕감 받았습니다.

"나는 빌 게이츠처럼 돈이 많은데요."

그렇다면 주님께서는 다른 비유를 드셨을 것입니다.

이 비유는 한 신하에 대한 이야기이며, 만약 빌게이츠나 일론 머스크라면 '억만 달란트 비유'를 말씀하셨을 것입니다.

예수님은 그 사람의 몸과 처와 자식들과 모든 소유를 다 팔아도 갚을 수 없는 금액을 비유로 말씀하신 것입니다.

"어쨌든 나는 내가 가진 돈으로 해결할 수 있어."

어리석은 생각하지 마십시오. 당신이 만약 그 정도로 부자라면 예수님은 당신에게 이러한 비유를 드셨을 것입니다.

"한 부자가 그 밭에 소출이 풍성하매 심중에 생각하여 이르되 내가 곡식 쌓아 둘 곳이 없으니 어찌할까 하고 또 이르되 내가 이렇게 하리라 내 곳간을 헐고 더 크게 짓고 내 모든 곡식과 물건을 거기 쌓아 두리라. 또 내가 내 영혼에게 이르되 영혼아 여러 해 쓸 물건을 많이 쌓아 두었으니 평안히 쉬고 먹고 마시고 즐거워하자 하리라 하되 하나님은 이르시되 어리석은 자여 오늘 밤에 네 영혼을 도로 찾으리니 그러면 네 준비한 것이 누구의 것이 되겠느냐 하셨으니 자기를 위하여 재물을 쌓아 두고 하나님께 대하여 부요하지 못한 자가 이와 같으니라."(눅 12:16~21)

나도 형제를 용서하는 것이 쉽지 않았습니다. 내 기준이 너무 강했기 때문입니다. 나는 완고한 사람이었습니다.

"내가 왜 그 사람을 용서해야 돼? 분명히 그 사람이 잘못했잖아."

형제를 용서하지 못한 것 때문에 내 마음은 늘 불편하고 불안했습니다. 여기서 형제란 '형과 아우'만 아닌 '주변에 있는 모든 사람'을 말합니다. 특히 하나님을 믿는 신자들 전부를 말합니다.

하나님을 아버지로 모신 믿음의 형제자매들이 왜 용서하지 못합니까? 형제를 서로 용서하지 않으면 한 집안에서 끝도 없이 판단과 비판, 정죄와 심판, 미움과 분노, 증오와 살인이 이어지게 됩니다.

가인은 아벨을 돌로 쳐 죽였습니다. 왜 일까요? 합당한 이유가 없습니다. 아벨의 제사를 하나님이 받으셨다는 것뿐입니다. 동생이 예배에 성공했는데 그걸 형이 시기 질투한 것입니다. 동생의 믿음에 대해 하나님이 응답하셨는데 그걸 보고 크게 분노한 것입니다.

하나님은 동생 아벨과 그의 믿음, 곧 그의 제사를 인정하셨고 칭찬하셨습니다. 형 가인은 그 꼴을 두고 볼 수 없었습니다. 보이지 않는 하나님은 돌로 칠 수 없으니까 보이는 동생을 돌로 쳤습니다. 그로 인해 동생은 죽었고 형은 하나님께 저주를 받고 쫓겨났습니다. 하나님의 마음에도 큰 고통과 슬픔을 안겨 드렸습니다. 당신이 화내는 이유를, 조금만 마음을 가라앉히고 자세히 돌아보면 하나님의 기준이 아닌 당신 자신의 기준이라는 걸 알게 될 것입니다. 당신 자신이 주인의 위치에 있기 때문에 자꾸 화가 나는 것입니다.

너는 그 사람보다 더했다

예전에 한 집사님이 주일 예배에 이유 없이 빠졌습니다.

알고 보니 온 가족이 일본에 여행 다녀왔다고 했습니다.

나는 마음에서 분노가 일어났습니다.

'어찌 이럴 수가 있나? 내가 그동안 어떻게 가르쳤는데. 설교할 때 하나님을 경외하는 마음으로 십계명을 지켜야 한다고, 안식일을 어기면 영적인 간음이라고 얼마나 많이 강조했던가?'

나는 그가 큰 어려움을 당하고 울며 회개할 거라고 생각했는데 다음 주일에 아무 일 없었다는 듯이 생글생글 웃으며 교회에 나왔습니다. 그때 주님께서 내 마음에 말씀하셨습니다.

'그만 화내라. 너는 그 사람보다 더했다.'

'제가 언제요? 저는 주일 예배에 빠진 적이 없습니다.'

'네가 예수를 믿기 전에는 매주 빠졌다. 너는 초등학교 때부터 교회에 나간 기억이 있다. 그렇다면 7세 때까지 교회에 나갔는지 안 나갔는지 너는 모른다. 7년 동안 교회를 안 나갔다면 너는 주일예배에 몇 번을 빠졌느냐? 자그마치 364번이다. 네가 복중에서부터 교회에 나갔다 할지라도 너의 조상 몇 대만 올라가면 다 우상 숭배했다. 그들 중에 한 명도 의롭지 못하다. 율법의 행위로는 의로워질 육체가 한 명도 없다. 오직 예수의 피를 믿음으로 의로워진다.'

나는 회개했습니다. 물론 주일예배를 밥 먹듯이 빠져도 된다는 말이 아닙니다. 미리 잘 가르쳐야 하지만 그렇게 가르쳤음에도 불구하고 주일예배에 빠지는 사람들에 대해서는 너그러워져야 한다는 말입니다. 그들을 정죄하거나 심판하지 말아야 합니다.

형제의 눈 속에 있는 티를 보고 눈꼬리 올리며 분노하지 말고 당신의 눈에 있는 들보를 보며 너그러운 마음을 가지십시오.

심판을 이기는 방법은 긍휼이다

당신은 지금 어떤 일로 소송하고 있습니까?

"나는 완벽한 사람이야. 절대로 불의를 못 참아."

불의를 못 참고 싸우는 것은 잘하는 일이지만 만약 그 대상이 형제라면 당장 멈추십시오. 이겨도 결국은 잃는 것이 더 많고 소송비로 당신의 재산을 10억, 100억 다 써도 못 이길 수도 있습니다.

예수님은 형제와 송사해서 끝까지 싸워 이기라고 하지 않고 법정으로 가는 길에서 얼른 화해하라고 말씀하셨습니다. "너를 고소하는 사람과 함께 법정으로 갈 때에는 도중에 얼른 그와 화해하도록 하여라. 그렇지 않으면 고소하는 사람이 너를 재판관에게 넘겨주고 재판관은 형무소 관리에게 넘겨주어서 그가 너를 감옥에 집어넣을 것이다. 내가 진정으로 너희에게 말한다. 너희가 마지막 한 푼까지 다 갚기 전에는 거기에서 나오지 못할 것이다."(마 5:25~26)

자신과 형제에게 긍휼을 행하십시오. 긍휼은 심판을 이깁니다.

"누구든지 온 율법을 지키다가 그 하나를 범하면 모두 범한 자가 되나니 간음하지 말라 하신 이가 또한 살인하지 말라 하셨은즉 네가 비록 간음하지 아니하여도 살인하면 율법을 범한 자가 되느니라. 너희는 자유의 율법대로 심판 받을 자처럼 말도 하고 행하기도 하라. 긍휼을 행하지 아니하는 자에게는 긍휼 없는 심판이 있으리라.

긍휼은 심판을 이기고 자랑하느니라."(약 2:10~13)

당신은 지금 누구 때문에 분노하고 있습니까?

"그 사람이 예배 시간에 지각했어요. 예배 시간은 하나님과 약속한 것인데, 그걸 안 지켰어요. 당연히 화내야 하지 않나요?"

하나님은 그런 약속을 하신 적이 없습니다. 그 사람도 그런 약속을 한 적이 없습니다. 예배 시간은 사람들끼리 정한 것입니다.

예배 시간을 마구 어겨도 된다는 말이 아닙니다.

어떤 사람들은 예배 시간이 너무 좋아서 한두 시간 전에 미리 가서 기도하며 준비합니다. 하지만 그렇지 못한 사람들에 대해 분노하면 안 됩니다. 마음이 너그러워지라는 것입니다. 예배 시간에 일찍 왔다고 의인이 아니며 지각했다고 죄인이 아닙니다.

성전 앞에 나가서 예배하든 성전 입구에 서서 예배하든 하나님은 사람의 외모를 보지 않고 중심을 보십니다. 하나님의 임재 앞에 항상 자신을 낮추고 다른 사람을 멸시하지 말아야 합니다.

"자기를 의롭다고 믿고 다른 사람을 멸시하는 자들에게 이 비유로 말씀하시되, 두 사람이 기도하러 성전에 올라가니 하나는 바리새인이요 하나는 세리라. 바리새인은 서서 따로 기도하여 이르되 '하나님이여, 나는 다른 사람들 곧 토색, 불의, 간음을 하는 자들과 같지 아니하고 이 세리와도 같지 아니함을 감사하나이다. 나는 이레에 두 번씩 금식하고 또 소득의 십일조를 드리나이다' 하고 세리는 멀리 서서 감히 눈을 들어 하늘을 쳐다보지도 못하고 다만 가슴을 치며 이르되 '하나님이여, 불쌍히 여기소서. 나는 죄인이로소이다' 하였느니라. 내가 너희에게 이르노니 이에 저 바리새인이 아니고 이 사람이 의롭다 하심을 받고 그의 집으로 내려갔느니라. 무릇 자기를 높이는 자는 낮아지고 자기를 낮추는 자는 높아지리라 하시니라."(눅 18:9~14)

바울은 오직 주님만이 모든 것을 심판하신다고 했습니다.

"내가 자책할 아무 것도 깨닫지 못하나 이로 말미암아 의롭다 함을 얻지 못하노라. 다만 나를 심판하실 이는 주시니라."(고전 4:4)

당신이 분노하는 많은 기준들은 당신 스스로 세운 것입니다.

금송아지 우상을 만들어 그 앞에 절하고 춤추는 모습을 보며 십계명 돌 판을 집어던진 모세, 물이 없다고 원망하는 이스라엘 백성들 앞에서 반석을 두 번이나 내리친 모세, 그렇게 당연히 화를 내야 할 일에 대해 화를 낸 모세를 하나님이 기뻐하지 않으셨고 모세는 결국 가나안 땅에 들어가지 못했습니다. 화내지 마십시오. 어떤 이유에서든 당신이 화내는 것은 하나님의 의를 이루지 못합니다.

"사람이 성내는 것이 하나님의 의를 이루지 못함이라."(약 1:20)

만약 하나님이 당신의 생각과 말과 행동에 대해 화를 내셨다면 당신은 1초도 살아남지 못할 것입니다. 하나님은 자비하신 분입니다. 당신도 자비한 사람이 되어야 합니다. "너희 아버지의 자비로우심 같이 너희도 자비로운 자가 되라"(눅 6:36)고 했습니다.

어떤 마음으로 형제를 대해야 할까요? 용서하는 마음입니다.

"비판하지 말라. 그리하면 너희가 비판을 받지 않을 것이요 정죄하지 말라. 그리하면 너희가 정죄를 받지 않을 것이요 용서하라. 그리하면 너희가 용서를 받을 것이요."(눅 6:37)

소송하고 있는 그 형제를 용서하십시오.

밥상머리에서 자녀를 용서하라

당신은 밥상머리 교육에 대해 아십니까?

밥상머리 교육은 어떤 교육보다 강력한 힘이 있습니다.

밥상머리 교육은 온 가족이 함께 모여 밥을 먹으면서 편안하게 대화하는 중에 부모가 삶에서 깨달은 지혜를 자녀에게 전달해 주는 것을 말합니다. 그때 이루어지는 대화를 통해 가족의 사랑과 인성을 키우게 됩니다. 이는 가정과 학교에서 청소년 폭력이 사라지게 하는데도 큰 역할을 합니다. 하지만 주의할 것이 하나 있습니다.

그것은 어떤 경우에도 자녀를 정죄하지 말라는 것입니다.

밥상머리에서 자녀를 정죄하지 마라

밥상머리는 자녀를 용서하는 장소입니다.

밥상머리는 자녀를 정죄하는 장소가 아닙니다.

밥상머리에서 용서하면 밥알이 보약이 됩니다.

밥상머리에서 정죄하면 밥알이 모래알이 됩니다.

나는 2남 2녀 네 명의 자녀가 있는데 이들은 싸우지 않습니다.

나와 아내가 아이들을 인격적으로 존중하듯이 아이들도 서로의 개성과 역할을 인정하고 예의를 지키며 존중하기 때문입니다. 이처럼 안정된 가정생활과 학교생활을 하는 비결이 무엇일까요? 용서와 대화, 그리고 서로 다름에 대한 존중과 배려입니다.

나는 아이들이 어릴 때 홈스쿨을 했습니다. 매일 네 명을 모아 거실에 앉혀 놓고 30분씩 삶의 전반에 대한 지혜를 가르쳤습니다.

밥을 먹을 때도 아이들에게 잔소리가 아닌 단소리를 했습니다.

아이들은 저절로 변화되는 것이 아니라 부모가 끊임없이 가르쳐야 합니다. 나는 여기에 대한 분명한 가치와 믿음을 갖고 있습니다.

여기에 대해 자세히 알고 싶으면 내가 쓴 책 〈왕세자 교육〉을 구입해서 읽어보기 바랍니다. 예수님은 "내가 너희에게 분부한 모든 것을 가르쳐 지키게 하라"고 했습니다. 가르치는 것은 사명입니다.

학교에서 아이들에게 그동안 가장 많은 영향을 받은 사람을 적어 내라고 하면 아빠인 내 이름을 적습니다. 아이들은 아빠를 자랑스러워합니다. 아빠와 친구처럼 다정하게 지내기도 합니다.

밥상머리에서 소소한 것을 의논하라

기관에서도 청소년들의 인성 교육 및 가정의 교육 기능 회복을 위해 '밥상머리 교육' 확산을 추진하고 있습니다. 그래서 '밥상머리 교육 실천 지침 10가지'를 내놓았는데 다음과 같습니다.

첫째, 일주일에 두 번 이상 '가족 식사의 날'을 가진다.
둘째, 정해진 장소에서 정해진 시간에 함께 모여 식사한다.
셋째, 가족이 함께 식사를 준비하고 함께 먹고 함께 정리한다.
넷째, 텔레비전은 끄고 전화는 나중에 한다.
다섯째, 대화할 수 있도록 천천히 먹는다.
여섯째, 하루일과를 서로 나눈다.
일곱째, '어떻게 하면 좋을까?' 식의 열린 질문을 던진다.
여덟째, 부정적인 말은 피하고 공감과 칭찬을 많이 한다.
아홉째, 아이의 말을 중간에 끊지 말고 끝까지 듣는다.
열째, 행복하고 즐거운 가족 식사가 되도록 노력한다.

나는 20년 전부터 10가지를 꾸준히 실천했습니다.

우리 가족은 저녁마다 집에서 함께 식사합니다. 아내는 유기농 재료로 맛있는 요리를 합니다. 매일 저녁은 설레는 시간입니다.

일주일에 한두 번 아이들이 직접 유기농 재료로 쿠키를 굽고 빵을 만들었는데, 처음에는 엄마가 했지만 아이들이 전수받았습니다.

텔레비전은 유익하고 좋은 프로그램만 선택해서 봅니다. 지옥의 속성인 '죄와 목마름, 병과 가난, 어리석음과 징계와 죽음' 등의 부정적인 내용은 보지 않습니다. 천국의 속성인 '의와 성령 충만, 건강과 부요, 지혜와 평화와 생명' 등의 긍정적인 내용만 봅니다.

저녁 식사 시간에는 하루 일과를 편하게 이야기합니다.

"아빠, 이건 어떻게 하면 좋을까요?"

"엄마는 이 일에 대해 어떻게 생각하세요?"

"아빠에게 이런 고민이 있는데 너는 어떻게 생각하니?"

우리 가족은 열린 마음으로 질문하고 다른 사람의 의견을 듣습니다. 그렇다고 사적인 죄와 실수를 다 공개하면서 모든 것을 의논하라는 말은 아닙니다. 자신에게 꼭 필요한 지혜만 구해야 합니다.

그리고 자녀에게 집안의 경제 문제를 다 말할 필요가 없습니다. 그것은 부모가 책임질 일입니다. 부모 자녀는 각자의 위치와 영역과 역할이 다릅니다. 서로 존중하며 영역을 지켜야 합니다.

잠언 20장 18절은 '성공적인 경영 비결'을 알려줍니다.

"경영은 의논함으로 성취하나니 지략을 베풀고 전쟁할지니라."

가족이 모여 소소한 것을 의논하는 것은 좋지만 하나님의 일은 그렇지 않습니다. 하나님의 일은 혈통과 육정과 사람의 뜻을 따라 의논하면 다 망칩니다. 지혜와 모략의 영이신 성령님과 의논해야 합니다. "성령님, 이 문제를 어떻게 하면 될까요?"라고 묻고 그분의 음성에 귀를 기울이십시오. 그러면 세미한 음성이 들릴 것입니다.

'아들아, 이렇게 하면 된다.'

밥상머리에서 자녀를 비교하지 마라

당신은 자녀를 비교하지 않습니까?

비교 경쟁하면 서로 물고 뜯고 싸우게 됩니다. 멈추십시오.

내 아내는 아이들 네 명을 키우면서 각자의 개성과 재능을 존중하며 절대 서로 비교하거나 경쟁하지 않도록 가르쳐 왔습니다.

아이들은 각각 자신이 독특한 존재임을 잘 알고 있습니다.

아내는 입버릇처럼 이렇게 말했습니다.

"너는 형과 달라. 절대 비교하지 마. 네 길을 가면 된다."

"언니가 무엇을 가졌다고 너도 가져야 하는 것은 아니야. 네게 진정으로 필요한 것, 네가 진정으로 원하는 것을 말해. 그걸 해줄게."

아이들은 아내를 통해 존중받으며 하나님의 자녀로서의 최고의 자존감을 갖도록 자랐습니다. 그들은 각자의 꿈이 이루어진다는 것을 확신하며 긍정적이고 적극적이며 매사에 밝고 쾌활합니다.

유대인들은 아버지가 주도권을 가지고 자녀를 교육합니다.

그들은 아이가 13세가 될 때까지 아버지가 밥상머리 교육을 하며 그것을 가장 귀중하게 여깁니다. 13세 생일을 맞으면 "하나님, 그동안 맡겨 주신 아이를 교육하는 신성하고 막중한 책임에서 이제 벗어나게 해주셔서 감사드립니다"라고 외칩니다. 아이는 13세 이후로 성인으로 인정되어 독립된 자기만의 인생을 살게 됩니다.

유대인 아이들은 어릴 때 마음껏 뛰놀며 폭넓은 생각을 하게 합니다. 그로 인해 비행 청소년이 거의 없습니다. 어려서부터 하나님을 경외하며 십계명을 통한 철저한 윤리 교육을 시키기 때문입니다.

그들은 "하나님을 존중하고 네 자신을 존중하고 네 자신을 존중하듯이 네 이웃을 존중하라. 그것이 네 몸값을 높이는 비결이다"라고 배웁니다. 이처럼 하나님은 자녀 교육을 부모에게 맡겼습니다.

에덴동산에 학교나 직장, 교회가 아닌 가정이 먼저 세워졌습니다. 처음 부모였던 아담과 하와가 그의 자녀인 가인과 아벨을 앞혀 놓고 어떻게 살아야 할지를 자세히 가르쳤습니다. 그들은 하나님을 믿고 섬기며 서로를 존중해야 한다고 배웠습니다.

아버지의 가르침을 듣고 동생 아벨은 소중히 마음에 간직했으며, 믿음으로 하나님께 제사했을 때 하나님께서 그 제사를 기쁘게 받으셨습니다. 하지만 형 가인은 아버지의 말을 듣지 않고 받아들이지도 않았으며 믿음이 아닌 자기 행위를 내세우며 예배하므로 하나님께서 그의 제사를 거절하셨습니다. 가인은 회개하지 않고 도리어 분노하며 동생 아벨을 돌로 쳐 죽였습니다. 슬픈 일입니다.

처음 교육은 에덴동산에서 시작되었습니다. 가정에서 부모가 자기 자녀에게 가르쳤던 것입니다. 그러므로 모든 교육 중에 가장 중요한 것은 '가정교육'입니다. 오늘날 가정교육이 무너지고 학교와 학원에 다 맡겨 놓고 선생님이 모든 것을 책임질 거라고 생각하는 부모가 많습니다. 학교와 학원은 학과 지식과 전문 기술을 가르치는 곳일 뿐입니다. 전인적인 교육을 하는 곳이 아닙니다.

아이와 친구처럼 지내며 가르치라

유대인들은 부모가 자녀를 앞혀 놓고 13세까지 가르쳤습니다.

다른 어떤 사람에게도 자기 자녀를 맡기지 않았습니다. 하나님은 그들에게 자녀를 가르치라고 명령하셨습니다.

"너희는 자녀를 끊임없이 가르쳐라. 앉았을 때나 누웠을 때나 밥 먹을 때나 걸어갈 때나 계속 주의 말씀을 가르쳐라."

나는 네 명의 자녀가 있는데 친구처럼 친하게 지냅니다.

어릴 때부터 아이들과 산책하면서 많은 것을 가르쳤습니다. 나는 성경에 근거한 삶의 전반에 걸친 지혜와 지식을 설명했습니다.

한국에서는 많은 경우 아이가 책상에 앉아 "간섭하지 마세요. 지금 열심히 공부하고 있어요"라고 말합니다. 그러면 부모는 "그래, 잘하고 있다. 공부만 잘해라. 네게 필요한 재정 관리나 대인관계, 그 외에 모든 준비는 우리가 대신 해 줄게"라고 대답합니다. 그렇게 하면 안 됩니다. 물론 졸졸 따라다니며 끝도 없이 잔소리하라는 말이 아닙니다. 순간마다 성령님께 지혜를 구해야 합니다.

"성령님, 어떻게 하면 될까요? 아이를 잘 코치할 수 있도록 도와주세요. 내 기준으로 분노하거나 정죄하거나 책망하지 않게 하시고 온유한 마음으로 잘 설명하며 코치하게 해주세요."

아이를 가르쳐야 합니다. 아이가 누워서 "나 잠자려고 하니까 건드리지 마세요"라고 해도 잠깐 일어나라고 한 후에 그 아이에게 필요한 내용을 가르쳐야 합니다. 아이들은 간단하게 거절합니다.

"누워서 핸드폰 만지고 있으니까 건드리지 마세요."

"지금 정신없이 컴퓨터 게임하고 있으니까 말 걸지 마세요."

"지금 엎드려 노트북으로 드라마 보고 있어요. 간섭하지 말고 필요한 것이 있으면 나중에 말씀하세요."

그러면 부모는 어쩔 줄 몰라 하며 이렇게 대답합니다.

"그래, 내가 청소하고 정리할게. 네게 필요한 자질구레한 것을 다

챙기며 너의 뒷바라지를 해줄게. 너는 하고 싶은 일을 해."

그러면 아이가 더 많은 것을 요청합니다.

"친구들하고 놀고 있어요. 나한테 연락하지 마세요."

그렇게 내버려 두면 안 됩니다. 성경은 쉬지 말고 가르치라고 했습니다. 가르침에 대한 신념을 갖고 꾸준히 가르쳐야 합니다.

"이스라엘아, 들으라. 우리 하나님 여호와는 오직 하나인 여호와시니 너는 마음을 다하고 성품을 다하고 힘을 다하여 네 하나님 여호와를 사랑하라. 오늘날 내가 네게 명하는 이 말씀을 너는 마음에 새기고 네 자녀에게 부지런히 가르치며 집에 앉았을 때에든지 길에 행할 때에든지 누웠을 때에든지 일어날 때에든지 이 말씀을 강론할 것이며 너는 또 그것을 네 손목에 매어 기호를 삼으며 네 미간에 붙여 표를 삼고 또 네 집 문설주와 바깥 문에 기록할찌니라."(신 6:4~9)

가르칠 때 저항이 없을 수는 없습니다. 왜 그럴까요?

알고 있는 것만 가르치면 "이미 알고 있는 것을 왜 또 가르치는 거야. 잔소리잖아"라고 합니다. 그러나 알고 있다면 그것을 행동으로 옮겨야 합니다. 모르는 것을 가르치면 "내가 알고 있는 것과 다른 것을 가르치잖아. 내 생각에는 그 내용이 옳지 않은 것 같아"라며 반감을 가지고 고집 부리며 저항합니다. 이처럼 가르치는 일에는 저항이 따릅니다. 그래도 성경은 가르치라고 했습니다.

"예수께서 나아와 일러 가라사대 하늘과 땅의 모든 권세를 내게 주셨으니 그러므로 너희는 가서 모든 족속으로 제자를 삼아 아버지와 아들과 성령의 이름으로 세례를 주고 내가 너희에게 분부한 모

든 것을 가르쳐 지키게 하라."(마 28:18~20)

우리는 모든 족속에게 가서 복음을 가르쳐 지키게 해야 합니다.

그럴 때 자신의 가족을 제쳐 놓아서는 안 됩니다.

"너의 집안에 있는 가족들에게도 가르쳐라."

좋은 습관이 성공을 만든다

당신은 올바른 습관을 따라 행동하고 있습니까?

나는 내가 원치 않는 나쁜 습관을 하나씩 없애고 좋은 습관을 하나씩 만들었습니다. '습관의 힘'이 성공 비결입니다. 습관이 인생을 만듭니다. 하지만 습관은 내 힘으로 잘 고쳐지지 않았습니다. 그래서 나는 중얼거리며 성령님께 구체적인 도움을 구했습니다.

"성령님, 이 습관을 버리고 좋은 습관을 가지게 해주세요."

나는 '매일 아침 혼자만의 시간을 갖고 책 읽고 깨닫는 습관, 책 쓰고 출간하는 습관, 하루에 3~10시간씩 기도하는 습관, 성경을 통독하고 암송하고 공부하는 습관, 산책하는 습관, 깨끗한 음식을 먹는 습관, 스트레칭하고 운동하는 습관, 하루에 8시간 자는 습관' 등 하나에서 열까지 모두 습관을 따라 합니다. 내가 성령님께 도움을 구하며 새로운 습관을 만들면 나중엔 그 습관이 나를 만듭니다.

"나는 습관을 만들고 습관은 나를 만든다."

사무엘상 2장 13절을 보십시오.

"그 제사장들이 백성에게 행하는 습관은 이러하니라."

습관이라고 했습니다. 성전 안에서 행하는 잘못된 습관을 고쳐야 합니다. 우리는 하나님을 경외해야 합니다. 그러기 위해서는 어릴 때부터 잘못 형성된 습관을 하나씩 발견하고 고쳐 나가야 합니다.

불교를 믿다가 예수를 구주로 믿고 교회에 나와서 하나님을 섬기게 되었으면 불교 믿을 때의 불상과 묵주, 달마도와 불경 같은 것들은 즉시 다 버려야 합니다. 그런데 그런 것을 그대로 가지고 있는 경우가 있습니다. 왜 그럴까요? 그것을 버리라는 교육을 받지 못했기 때문입니다. 예수를 믿으면 그런 것을 다 버려야 합니다.

어떤 집은 예수 믿는다고 하면서도 식당 입구에 명태를 걸어 놓기도 하고 대문에 부적을 붙이기도 합니다. 다 버려야 합니다.

바울이 복음을 전할 때 이런 일이 있었습니다. "또 마술을 행하던 많은 사람이 그 책을 모아 가지고 와서 모든 사람 앞에서 불사르니 그 책값을 계산한즉 은 오만이나 되더라."(행 19:19)

악은 어떤 모양이라도 버리라

"악은 어떤 모양이라도 버리라."(살전 5:22)

우상 숭배와 각종 악은 어떤 모양이라도 버려야 합니다. 우상 모양의 과자를 만드는 것조차도 하나님의 진노를 일으킵니다. "너는 그들이 유다 성읍들과 예루살렘 거리에서 행하는 일을 보지 못하느냐? 자식들은 나무를 줍고 아버지들은 불을 피우며 부녀들은 가루를 반죽하여 하늘의 여왕을 위하여 과자를 만들며 그들이 또 다른

신들에게 전제를 부음으로 나의 노를 일으키느니라."(렘 7:17~18)

나도 이런 사소한 것이 하나님의 진노를 일으킨다는 사실을 몰랐습니다. 한때 나는 매일 집 근처 도서관에 가서 책을 읽고 깨달음을 얻곤 했습니다. 그러다가 어느 날 집 부근에 스타벅스가 생겼습니다. 그곳은 대로변 빌딩 1층의 넓고 쾌적한 공간에 클래식 음악이 흘러나왔습니다. 게다가 안쪽 테이블에서 통유리로 바깥을 훤히 내다볼 수 있었고 사계절 아름다운 경치가 눈에 쏙 들어왔습니다.

나는 매일 아침 그곳에서 커피를 마시며 책을 읽곤 했습니다. 카페의 쾌적한 공간과 직원들의 서비스가 좋았기 때문입니다.

나는 그곳의 마니아가 되었고 각종 음료에 케이크를 맛보며 그곳에서 파는 텀블러와 컵을 사 모으기 시작했습니다. 그런데 아내가 말했습니다. "물건을 사는 것은 좋지만 로고가 없는 걸로 하세요."

그러면서 로고에 대한 자세한 이야기를 했습니다. 나는 로고에 대해 검색해 보았습니다. 스타벅스 로고의 '세이렌'이 단순히 인어인 줄 알았는데 그게 아니었습니다. 그리스 신화에 나오는 여신이었습니다. 얼굴은 여자이고 하반신은 새의 모습을 하고 있습니다. 영어의 '경보, 신호'라는 뜻의 사이렌(Siren)의 어원이 되었습니다.

사이렌은 바다에서 남자들을 유혹해서 죽이고 그게 안 되면 자기들끼리 단체 자살하는 '죽음의 영'을 상징합니다. 나는 이 로고의 의미를 알고부터는 스타벅스에 가던 습관을 완전히 끊었습니다.

"스타벅스는 문화일 뿐인데, 너무 예민하게 반응하시는군요."

사탄은 '문화'라는 이름으로 영혼을 사냥하고 더러운 귀신의 밥이 되게 합니다. 굳이 거기에 가지 않아도 다른 카페가 많습니다.

이 세이렌에서 안데르센의 동화 '인어공주'가 탄생했습니다.

한 목사님이 "하나님이 인어를 언제 만드셨나?" 하는 걸로 주일 학교 아이들과 유머 형식으로 대화했다는 걸 들은 적이 있습니다.

"하나님이 큰 바다 짐승들과 물에서 번성하여 움직이는 모든 생물을 그 종류대로, 날개 있는 모든 새를 그 종류대로 창조하셨는데 다섯째 날이다. 그리고 여섯째 날에 사람을 만드셨으니, 인어는 아마 그 중간에 만드셨을 것이다. 다섯째 날 반에 만드셨을 것이다."

아닙니다. 이런 문제는 조심스럽게 다뤄야 합니다. 교회에서 인어를 허용하면 동물과의 성교까지도 틈이 생길 수 있습니다.

"사람과 동물이 성교해서 인어 같은 존재가 나올 수 있다."

너무 간다고요? 지금 반려 동물을 키우는 집들이 1,500만 명이 넘습니다. 어제 보니 텔레비전 광고에 배우가 개를 보면서 "네가 나의 전부야"라고 말하는 것이었습니다. 심각한 문제입니다.

"동물은 동물이다"라고 해야 합니다. 동물은 본능만 있을 뿐 영혼이 없습니다. 그런데 영혼이 있는 것처럼 장례식을 치릅니다.

절대로 동물에게 동물 이상의 감정을 주면 안 됩니다.

동물에게 자신의 영혼을 빼앗기면 안 됩니다. 동물을 자기 침대에 올리고 함께 껴안고 자는 사람이 많습니다. 그러다가 단순한 호기심과 미혹의 영에게 속아 수간(獸姦, 짐승을 상대로 하는 변태적인 성행위) 죄를 짓는 경우가 의외로 많습니다. 그로 인해 악한 영이 틈타고 들어가 장악합니다. 그들에게서 귀신을 쫓다 보면 동물 소리와 동물 행동을 표현합니다. 돼지처럼 꿀꿀 거리기도 하고 개처럼 멍멍 짓기도 하고 뱀처럼 쉬쉬 하며 바닥을 기기도 합니다.

이스라엘 백성들은 하늘 여신 모양의 과자를 만들었습니다.

"엄마가 아이들과 함께 만든 작은 과자일 뿐인데 너무 예민하시네요"라고 하겠지만 하나님은 그것으로 인해 크게 진노하신다고 했습니다. 그들이 그것을 하늘 여왕에게 제물로 드렸기 때문입니다.

'하늘의 여왕' 같은 것은 없습니다. 하나님은 유일하신 분입니다.

우리의 남편이신 하나님은 우상 숭배를 가장 싫어하십니다.

사람들은 뭔가 눈에 보이면 거기에 자꾸 절하고 싶은 마음이 생깁니다. 미혹의 영 때문입니다. 이상하게 생긴 돌멩이라도 하나 올려놓으면 거기에 절합니다. 신비한 힘이 나올 것처럼 느껴지기 때문에 마음이 끌리는 것입니다. 그 배후에 악한 귀신이 역사하고 있다는 사실을 알아야 합니다. 우상을 끊고 멀리하십시오.

"너희도 알거니와 너희가 이방인으로 있을 때에 말 못하는 우상에게로 *끄는* 그대로 끌려갔느니라."(고전 12:2)

박사 학위를 몇 개나 받은 대학교수, 큰 빌딩과 땅과 수많은 직원을 가진 대기업 회장, 남다른 기록을 세운 운동선수 등 대단해 보이는 사람이라도 자세히 보면 마음은 한없이 연약합니다. 그래서 점 치러 다니고 굿 하고 부적을 붙이는 것입니다. 마귀가 귀신을 통해 계속 두려움과 저주의 생각을 씨앗으로 뿌리기 때문입니다.

모든 우상 숭배의 배후에는 귀신들이 역사하고 있습니다.

우리는 집안과 사무실을 비롯한 모든 환경을 영적으로 깨끗하게 정리해야 합니다. 마음에서 우상으로 여겨지며 조금이라도 끌린다면 그런 인형이나 조각 등의 물건은 두지 않는 것이 좋습니다.

"하나님은 영이시다. 눈에 보이지 않는 분이다. 그러므로 눈에 보이는 어떤 대상을 두고 기도하거나 예배하지 말아야 한다."

나는 전라도 광주의 상무대라는 곳에서 군복무를 했습니다.

그 부대 안에 예수님 동상이 크게 세워져 있었습니다. 교회에 다니는 사람들은 거기에 절하지 않습니다. 하지만 천주교인들은 그런 예수님 상과 마리아 상 앞에서 기도합니다. 그런 것도 우상숭배가 됩니다. 교회에서는 그런 것을 세우지 않는 것이 좋습니다.

"어떤 동상 앞에서도 하나님을 향해 예배하면 되지 않나요?"

그렇지 않습니다. 이스라엘 백성들이 금송아지를 만들어 놓고 그 앞에서 뭐라고 했습니까? "이것이 우리를 애굽 땅에서 인도하여 낸 하나님이다"라고 말했습니다. 눈에 보이지 않는 하나님을 눈에 보이는 형상으로 만들어 절하겠다며 그렇게 한 것입니다.

"아론이 그들의 손에서 금 고리를 받아 부어서 조각칼로 새겨 송아지 형상을 만드니 그들이 말하되 '이스라엘아, 이는 너희를 애굽 땅에서 인도하여 낸 너희의 신이로다' 하는지라."(출 32:4)

자기를 낳아 준 부모가 있는데 길거리 노숙자를 보면서 "이 사람이 나의 아버지다"라고 말한다면 얼마나 한심한 일이겠습니까?

하나님은 분명히 말씀하셨습니다. "그들은 내가 그들의 하나님 여호와로서 그들 중에 거하려고 그들을 애굽 땅에서 인도하여 낸 줄을 알리라. 나는 그들의 하나님 여호와니라."(출 29:46)

또한 어떤 경우에도 하나님의 이름을 망령되이 일컫지 말아야 합니다. 성경을 기록하던 서기관들은 성경을 베껴 쓰다가 하나님의 이름이 나오면 두려운 마음으로 자신의 마음을 살피고 모든 죄를 회개하고 손을 깨끗이 씻고 그 다음에 그 글자를 썼습니다.

하나님의 이름을 망령되이 일컬으면 안 됩니다. 소중하게 생각하고 존중해야 합니다. 어떤 사람은 겁도 없이 술집 이름을 '여호와'라고 적어 전단지를 돌리기도 하는데 그런 사람과 집안에 큰 저주가 임합니다. 혹시라도 주위 사람들이 하나님의 이름을 욕되게 말하면 즉시 꾸짖거나 가르쳐서 그렇게 하지 못하게 해야 합니다.

성경 말씀이 내 인생을 바꾸었다

사람들은 나를 보고 어찌 그리 지혜롭냐고 말합니다.

나의 지혜는 성경에서 나온 것입니다. "그래도 많은 책을 읽으셨잖아요?" 그렇습니다. 나는 그동안 수만 권의 책을 읽었습니다. 하지만 그 모든 책의 결론은 항상 성경 구절로 끝났습니다.

사람들은 내가 쓴 책을 보면서 깨달음이 많다고들 말합니다.

그 이유가 무엇일까요? 내가 성경 말씀을 깨닫고 정립한 것을 기록했기 때문입니다. 성경 말씀은 어떻게 깨달을까요? 비결은 성령님께 있습니다. 그분이 눈을 열어 주셔야 성경 내용이 보입니다.

성경은 아무리 원어에 통달하고 신학 박사 학위를 갖고 있어도 안 깨달아집니다. 유대인들을 보십시오. 그들이 원어를 잘 알고 성경을 달달 외우지만 못 깨닫고 예수님을 십자가에 못 박아 죽였습니다. 나는 성경을 볼 때 영으로 기도하며 성령님과 함께 읽습니다.

그리고 성령님께 도움을 구합니다.

"성령님, 이 말씀은 어떤 의미인가요? 깨달음을 주세요."

그러면 눈이 활짝 열립니다. 성경 말씀이 살아 움직입니다. 그렇게 눈으로 보고 마음으로 깨달은 것을 설교하고 책에 써냅니다.

나는 이 세상 그 무엇보다 주의 말씀을 귀하게 생각합니다.

"주께서 주의 말씀을 주의 모든 이름보다 높게 하셨음이라"(시 138:2)고 했습니다. 주의 모든 이름이 있기 전에 주의 말씀이 먼저 있었습니다. 그러므로 그 어떤 것보다도 주의 말씀을 귀하게 여겨야 합니다. 주의 말씀이 기록된 성경책을 소중하게 다루십시오.

주의 말씀 한 구절이 당신의 인생을 바꿉니다.

잠언을 읽으면 지혜가 증가한다

나는 중학교, 고등학교 시절에 잠언서를 많이 읽었습니다.

잠언서를 꾸준히 읽으면 지혜가 풍성해집니다. 잠언은 31장까지 있기 때문에 하루에 한 장씩 읽으면 됩니다. 1일은 1장, 2일은 2장, 23일은 23장, 그런 식으로 날짜에 맞춰 한 장씩 읽어도 좋습니다.

잠언을 하루에 한 번씩 읽을 수도 있습니다. 그렇게 수십 번, 수백 번 읽으면 지혜가 증가됩니다. 평소에 잠언서를 많이 읽으면 세상을 어떻게 살아가야 할지 밝히 알게 됩니다.

나는 고등학교 때 처세술, 화술, 대인관계, 성공학, 리더십, 경영학에 대한 책들을 많이 읽었습니다. 그러나 그런 책들보다 훨씬 더 많이 읽은 것이 있는데 바로 성경책입니다. 그 중에 잠언서를 가장 많이 읽었습니다. 성경은 쪽 복음으로 찢어서 읽어도 됩니다. 마태

복음, 마가복음, 로마서, 갈라디아서 등은 점심시간마다 한 번씩 읽으면 좋습니다. 당신도 시간 내어 성경을 많이 읽기 바랍니다.

성경을 읽을 때 눈이 열려야 한다

성경을 읽을 때는 성령님을 의지하며 읽어야 합니다.

"성령님, 제가 성경을 읽을 때 잘 깨달을 수 있도록 도와주세요. 제 눈을 열어 주의 법의 기이한 것을 보게 해주세요."

성령님은 성경을 기록하게 하신 분이시며, 원저자이십니다.

성령님은 성경을 깨닫게 하시는 진리의 선생님이십니다. 성령님께서 사람들의 마음을 감동하셔서 성경을 한 구절씩 기록하게 했기 때문에 성경을 '하나님의 말씀'이라고 하는 것입니다. 그러므로 성령님을 의지해서 성경을 읽어야 진정한 깨달음이 옵니다.

단순히 글자만 읽고 베껴 쓰면 하나도 안 깨달아집니다. 성경을 열 번, 백 번 읽는 것보다 중요한 것은 깨달음을 얻는 것입니다.

이렇게 말씀드리며 성령님과 함께 성경을 읽으십시오.

"성령님, 이 구절이 무슨 뜻인가요? 깨달음을 주세요."

성경은 성령님과 함께 읽으면 정말 쉽고 재미있습니다.

성경은 이야기 형식으로 되어 있기 때문에 한 번 읽으면 머리에 쏙쏙 다 들어옵니다. 나를 따라서 이렇게 말해 보십시오.

"성경은 쉽고 재미있다."

성경을 암송하고 통독하고 묵상하고 공부해야 합니다.

통독은 창세기부터 요한계시록까지 쭉 읽어 나가는 것을 말합니다. '성경통독표'를 따라 하루에 세 장, 주일에 다섯 장 읽으면 1년에 한 번 읽을 수 있습니다. 해마다 새 책을 사서 읽는 것도 좋습니다. 성경책은 즐거운 마음으로 푹 빠져 읽으면 한 달 만에 1독 할 수도 있습니다. 일단 교회를 다니고 예수를 믿는다고 하는 사람은 성경을 창세기부터 요한계시록까지 한 번은 꼭 읽어야 합니다.

성경 읽기를 멈추었다고요? 다시 마음먹고 읽으십시오.

특히 중, 고등학교 시절에 성경을 많이 읽어야 합니다. 성경책 좋은 것을 한 권 사서 처음부터 끝까지 다 읽으십시오. 어떤 내용이 담겨 있는지 알고 전체를 이해하기 위해 통독은 매우 중요합니다.

한 구절씩 성구를 암송하라

그리고 성구를 암송하십시오. '성구 암송의 힘'을 믿으십시오.

내가 입만 열면 설교가 줄줄 나오는 이유 중에 하나가 성구를 암송했기 때문입니다. 성구를 암송하다 보면 그 구절과 앞뒤 문맥을 여러 번 반복하며 생각하기 때문에 깨달음도 풍성해집니다.

나는 지금까지 3,000구절을 암송했습니다. 군대 있을 때도 하루에 한 구절 씩 암송해서 전역할 때까지 1,000구절을 암송했습니다.

지금도 나는 성경을 읽고 공부하다가 중요한 구절이 나오면 그것을 쪽지에 적어 암송합니다. 성구 암송은 쉽습니다. 시편 1편에 "복 있는 사람은 여호와의 말씀을 주야로 묵상한다"고 했습니다. 여기서 "묵상한다"는 말은 '소리 내어 중얼거린다'는 의미입니다.

한국 사람들은 조용히 마음으로 생각하는 것을 묵상이라고 여기는데 유대인들은 머리를 앞뒤로 흔들며 소리 내어 중얼거립니다.

소가 먹은 풀을 되새김질하는 것과 같습니다.

당신도 소리 내어 중얼거리십시오.

"여호와는 나의 목자시니 내가 부족함이 없다"고 할 때 그것을 마음속으로만 생각하지 말고 소리 내어 중얼거려야 합니다.

"여호와는 나의 목자시니."

한 마디씩 끊어 중얼거리면서 암송하면 쉽습니다.

"내가 부족함이 없으리로다."

그것을 이어 붙이면서 성경을 한 절 또는 한 장씩 암송하는 것을 묵상이라고 합니다. 유대인들은 이런 방식으로 성경을 외웁니다.

성경을 공부하는 것도 중요합니다. 나는 성경을 읽으면서 깨닫는 것을 성경 여백에 메모합니다. 그리고 그것을 책으로 담아냅니다.

아무리 많은 것을 깨달아도 잊어버리면 아무 소용없습니다.

깨달은 내용을 다른 공책에 깨알 같이 메모해 두어도 1년에 한두 번 꺼내 읽지 않습니다. 그래서 나는 깨달은 것을 그때마다 꾸준히 책으로 써내고 그렇게 출간된 책을 반복해서 읽습니다.

성경을 읽다 보면 모르는 부분이 많이 나옵니다. 그것을 자기 멋대로 해석하거나 시도 때도 없이 달려가서 "목사님, 이것은 어떻게 해석하면 좋을까요?"라고 하지 말아야 합니다. 성경을 읽다 보면 수백 군데 궁금한 것이 나오는데 어떻게 그것을 모두 질문합니까?

모르는 것이 있으면 체크해 놓고 기다리면서 "성령님, 깨닫게 해주세요"라고 하면 신기하게 주일날 목사님이 설명하는 경우가 있습니다. 그리고 지나가고 나면 그 내용에 대한 깨달음이 떠오르면서 이해되어집니다. 80퍼센트만 이해되면 그냥 넘어가십시오.

국어사전과 성경사전을 놓고 공부하면 더 많이 이해됩니다.

성경을 꺼내 한 장씩 읽어라

성경은 책상 위에 멋있게 전시하라고 주신 책이 아닙니다.

하루는 아내와 함께 이태원에 산책하러 가서 앤틱(antique, 고미술품, 골동품) 파는 가게에 들렀습니다. 거기에 성경책이 한 권 전시되어 있었는데 가격이 120만 원이었습니다. NIV영어로 된 것으로 꽤 크고 두꺼웠습니다. 내가 사장님께 물었습니다.

"이거 얼마나 오래된 건가요?"

"200년 된 겁니다."

"와, 오래 되었네요."

성경은 100년, 200년이 되어 낡고 누렇게 바랜 것, 먼지가 풀풀 날리는 책을 사서 전시해 놓고 자랑하는 것이 아닙니다.

"이것 봐! 얼마나 무게 있고 가치 있는지 몰라."

성경은 내가 금방 서점에서 샀다 할지라도 펴서 읽는 것이 중요합니다. "예수께서 성경을 읽으려고 일어서서 이사야서의 두루마리를 받아 들고 이런 말씀이 적혀 있는 대목을 펴서 읽으셨다"(눅 4:17)고 했습니다. 성경책은 들고 펴서 읽고 그 내용을 마음에 새기고 실제로 그렇게 삶 속에 실천하는 것이 가장 중요합니다.

다시 성경을 읽기 시작하십시오. 어떤 부모는 말합니다.

"성경 읽지 마, 다른 책도 읽지 마. 학교 공부만 열심히 해."

정말 어리석기 그지없는 말입니다. 그런 아이는 우수한 성적으로 학교를 졸업해도 장애물에 부딪히면 넘지 못하고 포기합니다.

학교 교육만 갖고 인생을 살아가는 것이 아닙니다. 과거에는 학교를 졸업하면 배운 지식들이 10년, 20년간 그 사람에게 힘이 되었지만 지금은 3년, 아니 6개월 만에 급속도로 바뀌고 있습니다.

끊임없이 새로운 정보와 지식이 쏟아져 나오고 있습니다.

분량도 과거보다 수천수만 배로 늘어나고 있고 많은 부분을 인공지능이 대체하고 있습니다. 인공지능을 일꾼처럼 부리면서 성공하려면 지혜가 있어야 합니다. 학교 교육처럼 무조건 지식을 외우고 공부하고 연구한다고 되는 것이 아니라 지혜가 있어야 합니다.

수천 년이 지난 지금도 지혜는 성경에서 나옵니다.

성경은 하나님의 지혜를 담고 있는 하나님의 말씀입니다. 그러므로 성경을 손에 들고 통독하고 암송하고 공부하고 연구해야 합니다.

성경은 전후 문맥을 통해 전체 내용을 이해해야 합니다. 한 구절만 읽고 "이해가 안 되네. 대충 해석해야지"라고 하지 말아야 합니다. 앞뒤 문맥을 따라 자세히 읽으면 대부분은 이해가 됩니다.

예를 들어 "부자가 천국에 들어가는 것은 낙타가 바늘귀로 들어가는 것보다 어렵다"는 한 구절만 읽고 멈추면 문제가 심각해집니다. "나는 돈이 필요한데 부자가 되면 천국에 못 들어간다고?"

그런 식으로 해석하면 안 됩니다. 목사님들도 그런 식으로 해석

합니다. 그 한 구절만 볼 것이 아닙니다. 성경에서 어떤 교훈을 말하고자 할 때 분명히 그 이야기의 시작과 중간, 끝이 있습니다.

한 부자 청년이 예수님께 찾아왔고 그가 상담한 내용입니다.

예수님께서 하신 말씀을 듣고 그 부자 청년은 근심하며 돌아갔습니다. 그것으로 끝난 것이 아니라 그 다음 내용을 살펴야 합니다.

그게 무엇일까요? 제자들이 예수님께 물었습니다.

"그러면 누가 영생을 얻겠습니까?"

결론이 부자가 천국에 못 들어간다는 것이 아닙니다.

"예수께서 저희를 보시며 가라사대 사람으로는 할 수 없으되 하나님으로서는 다 할 수 있느니라."(마 19:26)

이것이 결론입니다. 곧 부자나 가난한 자나 하나님이 똑같이 사랑하신다는 것이며, 부자나 가난한 자나 똑같이 오직 믿음으로 천국에 들어가고 믿지 않으면 천국에 못 들어간다는 말씀입니다.

하나님은 부자나 가난한 자나 똑같이 대하십니다. 가난하다고 천국에 들어가는 것이 아니며 부하다고 해서 그 부로 천국에 들어갈 수 있는 것도 아닙니다. 오직 하나님만이 다 하실 수 있습니다.

결론이 중요합니다. 성경은 전체 이야기를 살펴야 합니다.

성경 내용은 구전도 많고 또 편지글도 있으며 역사와 예언의 내용을 기록한 것도 있습니다. 전체 흐름을 통해 성경을 이해하면 깨닫는 것이 쉬워집니다. 나는 그렇게 성경을 읽습니다.

성경은 이야기입니다. 이야기로 받아들이면 쉽습니다.

"성경은 쉽고 재미있다."

하나님만 바라보고 예배하라

우리는 예배할 때 하나님께 예의를 지켜야 합니다.

하나님께 예의를 지킨다는 말이 무슨 뜻일까요? 그것은 곧 하나님 한분만 바라보고 예배하라는 말입니다. 나는 많은 날들을 그러지 못했습니다. 예배 시간에 하나님이 아닌 사람을 바라보았습니다. 이것은 큰 죄입니다. 하나님은 질투하고 시기하시는 분입니다.

나는 매일 오전에 교회에 가서 몇 시간씩 기도합니다. 그렇다고 내가 성령 충만을 받기 위해 기도하는 것은 아닙니다. 나는 믿음으로 말미암아 생수의 강이 흘러넘치므로 이미 성령 충만하기 때문에 행복한 마음으로 그렇게 오래 기도합니다. 내 삶은 기도입니다.

하루는 오전에 몇 시간 기도가 끝나고 일어나서 집으로 가려는데 성령님이 내 마음에 이렇게 말씀하셨습니다.

'네 마음에서 모든 것을 좀 내려놓으면 안 되겠니?'

나는 그 자리에서 털썩 주저앉아 흐느끼며 울었습니다. 나는 그동안 많은 꿈과 소원을 가지고 믿음의 기도를 했고 그 결과 대부분 이뤄졌습니다. 하지만 몇 가지 큰 꿈에 대해 더디 이뤄진다고 힘들어했는데 주님께서 그걸 내려놓으라고 하신 것입니다.

'아들아, 네 꿈과 소원은 아무것도 아니다. 다 내려놓아라. 내게는 열방이 통의 한 방울 물과 같고 저울의 작은 티끌 같다고 하지 않았느냐? 네게 준 꿈과 소원도 그렇다. 그 모든 것은 아무것도 아니다. 내가 하루 만에 다 줄 것이다. 네 마음에서는 다 내려놓아라. 네가 그것을 이루는 것이 아니다. 내가 한다. 아브라함과 사라를 기억하라. 그들은 내가 준 꿈을 크게 여겼고 기다리다 못해 지쳐 10년 만에 인간적인 방법을 썼다. 하갈을 통해 이스마엘을 낳은 것이다. 그들은 빨리 성공하려고 나의 방법이 아닌 인간의 방법을 썼다. 그들은 인내를 온전히 이루어야 했는데 그러지 못하고 중간에 자기들의 힘으로 꿈을 이루려고 시도했다. 사람들은 하나님을 기다리다가 마음이 상하면 분노하고 육신의 방법을 쓴다. 그것은 하나님의 의를 이루지 못한다. 너는 기도하고 구한 것을 받았다고 믿고 네 마음에서 다 내려놓아라. 그것을 이루는 것은 네가 아닌 나 전능한 하나님이다. 내게 능치 못한 일이 있겠느냐?'

당신은 어떤 일로 마음이 상했습니까? 마음이 상하면 육신의 열매를 낳게 됩니다. 전능하신 하나님을 바라보고 믿음을 회복하십시오. "내게 능치 못한 일이 있겠느냐?"(렘 32:27)

사람을 바라보면 시험에 든다

당신은 교회에 무엇을 보러 갑니까?

어린 사무엘은 세마포 에봇을 입고 와서 하나님을 섬겼습니다.

엘리의 두 아들 홉니와 비느하스는 하나님의 제사장이었음에도 불구하고 하나님께 드려진 제물과 또 그곳에서 섬기고 있는 여자들을 범했습니다. 그 결과가 어땠나요? "하나님의 궤는 빼앗겼고 엘리의 두 아들 홉니와 비느하스는 죽임을 당하였더라."(삼상 4:11)

교회는 물질과 이성을 보러 오는 곳이 아닙니다.

"저기 멋진 남자 친구가 있어. 나는 그를 보려고 왔어."

"이 교회는 정말 예쁜 여자들이 많아, 그들을 보기 위해 교회에 가야지. 그리고 건물도 아주 아름답고 웅장하잖아."

그러면 위험합니다. 그렇게 나갔다가 예수를 믿고 구원받기도 하지만 금방 시험에 듭니다. 나도 그런 적이 있었습니다.

청소년 시절에 교회에 가니까 예쁜 누나들과 친구들이 많았습니다. 그때 나는 생각했습니다. '저 사람들 때문에 교회 가는 거야. 주일마다 교회에 가는 것이 너무 즐거워. 가슴이 설레는 걸.'

그때는 은혜가 무엇인지 몰랐습니다. 하나님을 만나는 경험이 없이 이성과 행사 때문에 교회에 갔는데 결국 시험에 들었습니다.

중학교 1학년 때, 한 누나를 짝사랑하게 되었는데 그녀에게 말을 걸자 그의 반응은 전혀 달랐습니다. 그러자 나는 괜히 혼자 상처 받고 교회를 안 나가고 동네를 배회했습니다. 시험에 들어 며칠 동안 울며 길거리에서 잠자며 하나님을 원망하기도 했습니다.

"하나님이 살아 계시면 이럴 수가 있나요?"

그때 성경에 대해서도 미운 마음이 생겼습니다.

"이 성경이 나와 무슨 상관있어. 짜증나."

그랬던 내가 20세 때 성령을 체험한 후로는 회개하고 하나님과 친밀하게 동행하고 성경을 가장 사랑하게 되었습니다. 하나님의 임재와 성경 말씀이 내 인생을 완전히 바꾸어 놓았습니다.

기억하십시오. 여자 때문에 교회에 나가면 여자 때문에 시험 들고 돈 때문에 교회에 나가면 돈 때문에 시험 듭니다. 당신은 왜 교회에 나갑니까? 하나님께 예배하기 위해 나가야 합니다. 오직 하나님만 바라보고 교회에 가야 합니다. 사람이 좋거나 무서워서, 축복을 받기 위해 또는 저주 받지 않기 위해서도 아닙니다. 예수를 믿는 사람은 이미 복을 받았습니다. 하나님만 섬겨야 합니다.

예배 시간에 졸지 않는 습관을 가지라

당신은 혹시 예배 시간에 졸지 않습니까?

나도 십대에는 예배 시간에 참 많이 졸았습니다. 공부한다고 하루에 몇 시간만 잤기 때문에 설교 시간만 되면 졸음이 몰려왔고 앞뒤로 머리를 끄덕이며 정신을 못 차릴 정도로 졸았습니다.

그때는 어떻게 졸음을 대적해야 하는지 몰랐습니다. 지금은 예배 시간에 졸지 않습니다. 점심 먹은 후에 오후 예배를 드리면 졸음이 좀 몰려오긴 하지만 설교를 받아 적으면 잠이 하나도 안 옵니다.

예배 시간에 자꾸 졸음이 오면 성령님께 도움을 구하십시오.

"성령님, 예배 시간에 졸지 않게 해주세요."

현대인은 잠이 모자라서 졸음이 오는 경우가 많습니다.

잠자는 시간을 아깝게 생각하지 말아야 합니다. 에덴동산에서 아담과 하와는 해가 떨어져 어두워지면 바로 잤을 것입니다. 캄캄해서 아무것도 할 수 없기 때문입니다. 겨울에는 엄청 잤을 것이고 여름에는 좀 덜 잤을 것입니다. 하루에 10시간씩 잤을 수도 있습니다.

과학 문명이 발달하면 할수록 잠을 더 안 자게 되었습니다.

수면 부족은 면역력을 급속도로 떨어뜨리며 만병의 근원이 됩니다. 좋은 컨디션으로 하루를 생활하려면 매일 8시간 정도 잠을 자야 합니다. 하루에 3~4시간 밖에 안 자면 예배 시간에 졸음이 올 수밖에 없습니다. 예배 시간에는 졸지 말아야 합니다. 지난밤에 잠을 못 자고 피곤해서 한두 번 졸 수 있지만 습관적으로 조는 사람은 악한 영이 말씀을 못 듣게 방해하는 것입니다. 어떻게 해야 할까요?

예수 이름으로 꾸짖고 대적해야 합니다. 이렇게 명령하십시오.

"예수 이름으로 명하노니 졸음의 영아, 떠나가라."

누가복음 9장 32절에 예수님이 높은 산에서 기도하실 때 "베드로와 함께 있는 자들이 깊이 졸았다"고 했습니다. 그들은 기도하지 않고 졸았습니다. 예수님은 "깨어 있어라"고 하셨습니다. 우리는 기도할 때도 깨어 있어야 하며, 예배할 때도 깨어 있어야 합니다.

성경에 보면 예배 시간에 잠을 자다가 죽은 사람이 있습니다.

바울이 설교할 때 한 사람이 계속 졸았습니다. 나는 보통 한 시간 정도 설교하는데, 바울은 밤늦게까지 계속 설교했습니다. 그때 한 청년이 2층 난간에서 끄떡끄떡 졸다가 떨어져 죽었습니다.

바울이 다가가 기도해서 그를 살렸습니다. 당신은 혹시 예배 시간에 조는 습관이 없습니까? 졸지 않는 습관으로 바꾸십시오.

"어떤 사람들의 습관과 같이 하지 말라."(히 10:25)

습관이라고 했습니다. 습관적으로 예배 시간에 엉뚱한 짓을 하는 사람이 있는데 그들이 예배 분위기를 망칩니다. 나는 말합니다.

"습관적으로 사람들의 주의를 끄는 이상한 행동은 하지 마세요. 그러면 산만해서 다른 사람들이 하나님의 말씀을 듣지 못합니다."

하나님께 예배하는 것도 예의를 갖추어야 합니다.

예배할 때는 어떻게 해야 할까요? 감사 예물을 준비해서 예배해야 합니다. 신령과 진정으로 예배해야 합니다. 억지가 아닌 즐거운 마음으로 예배해야 합니다. 하나님의 말씀을 들을 때는 설교자를 판단하지 말고 주의 종의 말을 하나님의 말씀으로 받으며 '아멘'이라고 화답해야 합니다. 그리고 하나님의 용서에 감사하는 마음으로 예배해야 합니다. "용서하신 하나님께 예배하라"고 했습니다.

"여호와 우리 하나님이여, 주께서는 그들에게 응답하셨고 그들의 행한 대로 갚기는 하셨으나 그들을 '용서하신 하나님'이시니이다. 너희는 여호와 우리 하나님을 높이고 그 성산에서 예배할지어다. 여호와 우리 하나님은 거룩하심이로다."(시 99:8~9)

성령님의 음성을 따라 살라

당신은 하루하루를 무엇으로 삽니까?

나는 주의 음성을 듣고 그 음성을 따라 삽니다.

40일 금식을 끝내신 예수님께서 마귀에게 말씀하셨습니다.

"기록되었으되 사람이 떡으로만 살 것이 아니요 하나님의 입으로부터 나오는 모든 말씀으로 살 것이라 하였느니라."(마 4:4)

당신도 지금 떡 문제로 고민하고 있지 않습니까? 떡 문제를 다르게 표현하면 '돈 문제'입니다. 제자들은 광야에서 200데나리온의 돈이 있어야 기진맥진한 5천 명을 먹일 수 있다고 말했습니다.

"이 문제를 해결하려면 큰돈이 필요해요. 너무 힘들어요."

주님은 재정 문제로 고민하는 당신에게 말씀하십니다.

"내가 하루 만에 다 줄게. 염려하지 마라."

왜 하나님은 당신이 이 땅에 사는 동안 수많은 돈 문제에 부딪히게 하실까요? "탯줄을 끊는 순간 돈줄과 연결된다"는 말이 있을 정도입니다. 신명기 8장 3절에 여기에 대한 이유를 말씀합니다.

"너를 낮추시며 너를 주리게 하시며 또 너도 알지 못하며 네 조상들도 알지 못하던 만나를 네게 먹이신 것은 사람이 떡으로만 사는 것이 아니요 '여호와의 입에서 나오는 모든 말씀'으로 사는 줄을 네가 알게 하려 하심이니라."(신 8:3)

여호와의 입에서 나오는 모든 말씀으로 살게 하기 위함입니다.

내가 그동안 끝도 없는 돈 문제에 부딪히면서 얻게 된 것은 단순히 '돈 문제 해결'이 아니었습니다. '주의 말씀'을 받게 된 것입니다.

나는 문제에 부딪힐 때마다 "성령님, 어떻게 할까요?"라고 물었고 그러면 주님은 내게 '주의 말씀'을 깨닫게 해주셨습니다. 그리고 세미한 음성을 들려주셨습니다. 이것이 곧 주의 음성입니다.

주의 음성은 기록된 '주의 말씀'에 근거해서 주어집니다.

주의 말씀이 곧 하나님 자신입니다. 주의 말씀은 주의 모든 이름보다 높습니다. "주께서 주의 말씀을 주의 모든 이름보다 높게 하셨음이라"(시 138:2)고 했습니다. 주의 이름은 주의 백성들과의 관계에서 불리기 위해 정하신 것입니다. 주의 이름이 있기 전에 주의 말씀이 있었습니다. 주변 사람들의 목소리와 당신의 마음에서 자아가 지껄이는 절망적인 목소리에 귀를 기울이지 말고 주의 말씀에 귀를 기울이십시오. 주변 사람들은 끊임없이 부정적인 목소리를 냅니다.

"네까짓 게 뭔데, 그런 큰 꿈을 꾸는 거야. 황당해."

그런 부정적인 사람은 거절하고 차단하고 함께 있지 마십시오.

예수님도 부정적인 사람을 책망하셨습니다. "예수께서 이르시되 '할 수 있거든이 무슨 말이냐? 믿는 자에게는 능히 하지 못할 일이 없느니라' 하시니 곧 그 아이의 아버지가 소리를 질러 이르되 '내가 믿나이다. 나의 믿음 없는 것을 도와주소서' 하더라."(막 9:23)

절대 긍정의 믿음으로 살기 바랍니다.

마음이 떠드는 소리를 다스리라

당신은 마음이 떠드는 소리를 듣습니까?

그 소리가 바로 '자아의 목소리'입니다. 나는 마음에서 생각을 통해 재잘거리며 쉬지 않고 떠드는 자아의 목소리를 듣습니다. 그걸 가만 두면 안 됩니다. 자아는 종일 떠들며 교만과 절망을 외칩니다.

성경은 그런 모든 생각을 사로잡아 그리스도에게 복종시키라고 했습니다. "하나님 아는 것을 대적하여 높아진 것을 다 무너뜨리고 모든 생각을 사로잡아 그리스도에게 복종하게 하니."(고후 10:5)

자아는 끊임없이 염려와 근심, 절망과 좌절의 목소리로 떠들기 때문에 다스려야 합니다. 자아는 이렇게 혼자 수다를 떱니다.

'아, 모든 것이 불안하고 두려워, 내 힘으로는 이걸 할 수 없어. 괜히 일을 벌였어. 사람들에게 거절당하고 상처 받으면 어떻게 하지? 이 문제가 꼬여서 망하면 어떻게 하지? 절망, 절망이야.'

자아가 바람과 파도처럼 요동치며 떠드는 것을 잠재우십시오.

"예수 이름으로 명하노니 자아는 잠잠하라. 고요하라."

바울은 "나는 날마다 죽노라"고 고백했습니다. 거듭난 영은 날마다 죽을 수 없습니다. 거듭난 몸도 날마다 죽을 수 없습니다. 거듭난 마음을 날마다 죽이는 것입니다. 마음이 옛 습관을 따라 육신의 생각을 하며 떠드는 것을 쳐서 복종시켜야 합니다. 성경은 영이나 몸을 새롭게 함으로 변화를 받으라고 하지 않았습니다.

오직 마음을 새롭게 함으로 변화를 받으라고 했습니다.

"너희는 이 세대를 본받지 말고 오직 마음을 새롭게 함으로 변화를 받아 하나님의 선하시고 기뻐하시고 온전하신 뜻이 무엇인지 분별하도록 하라."(롬 12:2) 그렇습니다. 마음이 곧 자아입니다.

자아는 자기가 주인 행세하며 스스로 모든 문제를 해결하려고 끝도 없이 머리를 굴리며 불안해하고 두려워합니다. 이런 자아를 가만히 두면 절망하고 또 절망합니다. 끝도 없이 절망합니다.

며칠 전에 한 친구를 만났는데, 그가 말했습니다.

"김열방, 나는 매일 절망해. 그런데 너는 절망하지 않고 희망으로 살아가는 것 같아. 네가 부정적인 말을 하는 걸 듣지 못했어."

나도 가끔 마음에서 부정적인 생각이 떠오릅니다. 그것을 내버려 두면 절망하지만 사로잡아 그리스도에게 복종시키기 때문에 절망하지 않는 것입니다. 생각을 사로잡아 복종시키는 것은 내 힘으로 되지 않습니다. 그래서 나는 아침마다 성령님께 도움을 구합니다.

"성령님, 모든 생각을 사로잡아 그리스도에게 복종시켜 주세요."

그러면 성령님이 일하십니다. 성령님이 내 모든 생각을 사로잡아 그리스도 복음 아래 복종시켜 주십니다. 그래서 나는 행복합니다.

자아의 목구멍과 혀와 입, 발을 묶으라

자아의 목구멍과 혀와 입과 발에 대해 아십니까?

나라는 존재는 하나가 아닌 셋입니다. 곧 '내 영'과 '내 마음'과 '내 몸'입니다. 영마몸, 이 세 가지 모두가 나입니다. 불교에서는 "내 영만 나이고 내 마음과 내 몸은 내가 아니다"라고 말합니다.

"내 영만 진정한 나의 존재다. 내 영은 내 마음이 생각을 통해 끝도 없이 지껄이며 떠드는 목소리를 다 듣고 있다. 또한 내 영은 내 몸이 움직이는 것을 느끼고 지켜본다. 그러므로 '무'라고 외치며 모든 것을 잠재우고 세상이 내 앞에서 흘러가게 해야 한다."

영적인 깨달음 같습니다. 하지만 그 결과는 무엇일까요?

죄로 말미암아 영이 하나님의 생명에서 떠나 죽어 있기 때문에 '무'라고 수천 번 외치며 마음의 떠드는 소리를 잠재우고 또 몸을 가부좌하고 앉아 있어도 참된 구원과 평강의 길은 없습니다.

결국 악한 영들이 들끓고 저주와 지옥의 속성만 남게 됩니다.

지옥의 속성은 무엇일까요? '죄와 목마름, 병과 가난, 어리석음과 징계와 죽음'입니다. 그리스도 안에서 얻는 천국의 속성인 '의와 성령 충만, 건강과 부요, 지혜와 평화와 생명'과는 정반대입니다.

성경은 '자아의 목구멍과 혀와 입'에 대해 이렇게 말씀합니다.

"그들의 '목구멍'은 열린 무덤이요 그 '혀'로는 속임을 일삼으며 그 '입술'에는 독사의 독이 있고 그 '입'에는 저주와 악독이 가득하고 그 '발'은 피 흘리는 데 빠른지라. 파멸과 고생이 그 길에 있어 평강의 길을 알지 못하였고 그들의 눈앞에 하나님을 두려워함이 없느니라 함과 같으니라."(롬 3:13~18)

이런 교만한 자아의 목구멍과 혀와 입을 틀어막고 미련한 자아의 발이 제멋대로 돌아다니지 못하도록 말씀으로 묶어야 합니다.

"우리가 알거니와 무릇 율법이 말하는 바는 율법 아래에 있는 자들에게 말하는 것이니 이는 '모든 입을 막고' 온 세상으로 하나님의 심판 아래에 있게 하려 함이라."(롬 3:19)

결국 모든 수도와 고행의 경지에 이르면 이렇게 말합니다.

"마지막으로 보이는 것은 지옥이다. 더러운 귀신이 보인다."

모든 생각을 사로잡아 복종시키라

자아 곧 마음의 소리는 끝도 없이 이렇게 떠들어 댑니다.

'내 힘으로 어떻게든 구원 받고 문제를 해결해야 돼. 그런데 내게는 그걸 할 수 있는 힘이 없어. 어떻게 하면 좋아. 불안해. 두려워.'

율법의 행위로는 하나님 앞에 의롭다 함을 얻을 육체가 세계 82억 중에 단 한 명도 없습니다. 그래서 하나님의 아들 예수 그리스도가 이 땅에 인간의 몸을 입고 오신 것입니다.

"그러므로 율법의 행위로 그의 앞에 의롭다 하심을 얻을 육체가 없나니 율법으로는 죄를 깨달음이니라. 이제는 율법 외에 하나님의 한 의가 나타났으니 율법과 선지자들에게 증거를 받은 것이라. 곧 예수 그리스도를 믿음으로 말미암아 모든 믿는 자에게 미치는 하나님의 의니 차별이 없느니라."(롬 3:20~22)

그런데 문제는 예수를 구주로 믿고 영혼이 구원을 받은 후에도 자아가 계속 지껄이며 떠든다는 것입니다. 영은 거듭나 하나님 앞에서 잠잠히 참아 기다리고 몸은 하나님의 성전이 되어 성령님을 모시고 있는데, 마음은 옛 습성이 남아 있어서 자기 힘으로 어떻게든 조금이라도 더 의로워지려고 노력한다는 것입니다. 그래서 성경은 "모든 생각을 사로잡아 그리스도에게 복종시켜라"고 말씀합니다. '모든 영'이나 '모든 육체'가 아닙니다. '모든 생각'입니다.

모든 생각을 사로잡아 그리스도에게 복종시켜야 합니다.

생각은 마음에서 나오는 것이며 마음이 곧 자아입니다. 자아는 생각을 통해 지껄이며 자기 힘으로 문제를 해결하려고 몸부림칩니다. 바울은 말했습니다. "우리의 싸우는 무기는 육신에 속한 것이 아니요 오직 어떤 견고한 진도 무너뜨리는 하나님의 능력이라. 모든 이론을 무너뜨리며 하나님 아는 것을 대적하여 높아진 것을 다 무너뜨리고 '모든 생각을 사로잡아 그리스도에게 복종하게 하니' 너희의 복종이 온전하게 될 때에 모든 복종하지 않는 것을 벌하려고 준비하는 중에 있노라. 너희는 외모만 보는도다."(고후 10:4~7)

예수를 믿지 않는 사람들은 영이 죽어 있고 마음과 몸만 갖고 인생을 살아가기 때문에 다른 사람의 외모만 봅니다. 그들은 마음이 주인 행세하며 자기 하고 싶은 대로 다 하려고 합니다.

우리도 예전에 그랬습니다. "그는 허물과 죄로 죽었던 너희를 살리셨도다. 그 때에 너희는 그 가운데서 행하여 이 세상 풍조를 따르고 공중의 권세 잡은 자를 따랐으니 곧 지금 불순종의 아들들 가운데서 역사하는 영이라. 전에는 우리도 다 그 가운데서 우리 육체의 욕심을 따라 지내며 육체와 마음의 원하는 것을 하여 다른 이들과 같이 본질상 진노의 자녀이었더니."(엡 2:1~3)

그렇게 아무리 고행하고 수도하며 힘쓰고 애써도 안 됩니다. 온갖 우상을 숭배해도 안 됩니다. 육체와 마음의 원하는 것을 다 해도 구원의 길, 생명의 길, 평안의 길을 발견하지 못합니다. 오직 예수 그리스도를 믿을 때만 가능합니다. 돈과 명예, 권력과 학벌 등 어떤 것으로도 안 됩니다. "사람으로는 할 수 없으되 하나님으로는 그렇지 아니하니 하나님으로서는 다 할 수 있다"고 했습니다.

그렇습니다. 구원은 사람의 힘으로 가능한 것이 아니라 오직 하나님의 힘과 은혜로만 가능합니다. 구원은 죽은 영혼이 살아나는 가장 큰 기적입니다. "긍휼이 풍성하신 하나님이 우리를 사랑하신 그 큰 사랑을 인하여 허물로 죽은 우리를 그리스도와 함께 살리셨고 너희는 은혜로 구원을 받은 것이라."(엡 2:4~5)

당신은 하늘나라 시민권을 가졌다

당신은 어떤 시민권을 갖고 있습니까? 미국, 영국, 한국.

한국의 손꼽는 대형 출판사 대표가 내가 쓴 책을 출판하기 위해 계약하러 갔을 때 자신이 '미국 시민권'을 갖고 있다고 그걸 꺼내 내게 보여 주며 자랑했습니다. 얼마나 좋았으면 그럴까요? 사실 나는 그것보다 억만 배나 좋은 '하늘나라 시민권'을 갖고 있습니다.

당신이 예수 그리스도를 구주로 믿고 구원받는 순간 즉시 새 생명을 얻고 하나님의 자녀로 신분이 바뀌며, 하늘나라 시민권을 얻게 됩니다. 로마 시민권을 가졌던 바울은 "우리의 시민권은 하늘에 있는지라"(빌 3:20)고 했습니다. 하늘나라 시민권은 로마 시민권보다 억만 배나 좋은 것입니다. 다른 시민권은 자랑하지 마십시오.

세상 시민권은 먼지와 티끌과 같고 아무것도 아닙니다.

당신은 그리스도와 함께 하늘에 앉아 있게 되었습니다. "또 함께 일으키사 그리스도 예수 안에서 함께 하늘에 앉히셨다."(엡 2:6)

이러한 하나님의 은혜는 모자라고 부족한 은혜가 아닙니다.

당신이 1이라도 보태야 하는 99점의 은혜가 아닙니다. 100점을 훨씬 뛰어넘는 120점, 아니 억만 점의 은혜입니다. 이 은혜는 '작은 은혜'나 '풍성한 은혜'가 아닙니다. '지극히 풍성한 은혜'입니다. "이는 그리스도 예수 안에서 우리에게 자비하심으로써 '그 은혜의 지극히 풍성함'을 오는 여러 세대에 나타내려 하심이라."(엡 2:7)

이 은혜는 하나님의 아들 예수 그리스도가 십자가에서 피와 땀과 눈물을 쏟으며 값을 다 지불하신 은혜이며, 세계 82억의 인구는 모두 이 은혜를 믿음으로만 구원을 받습니다. 다른 길은 없습니다.

"너희는 그 은혜에 의하여 믿음으로 말미암아 구원을 받았으니 이것은 너희에게서 난 것이 아니요 하나님의 선물이라. 행위에서 난 것이 아니니 이는 누구든지 자랑하지 못하게 함이라."(엡 2:8~9)

당신은 새로운 피조물이다

당신은 하나님이 다시 창조하신 '새로운 피조물'입니다.

새로운 피조물은 어떻게 살아야 할까요? 그리스도 예수 안에서, 곧 복음 안에서 오직 선한 일만 생각하며 살아야 합니다. 그러려면 육신의 생각을 하는 자아를 말씀으로 쳐서 복종시켜야 합니다.

"우리는 그가 만드신 바라. 그리스도 예수 안에서 선한 일을 위하여 지으심을 받은 자니 이 일은 하나님이 전에 예비하사 우리로 그 가운데서 행하게 하려 하심이니라."(엡 2:10)

여기에 "우리로 그 가운데서 행하게 하려 하심이니라"고 했는데 그러려면 주의 말씀, 곧 성경이 필요합니다. "모든 성경은 하나님의 감동으로 된 것으로 교훈과 책망과 바르게 함과 의로 교육하기에 유익하니 이는 하나님의 사람으로 온전하게 하며 모든 선한 일을 행할 능력을 갖추게 하려 함이라"(딤후 3:16~17)고 했습니다.

이것이 말씀의 힘입니다. 다시 말씀을 읽고 듣고 공부하십시오.

하나님의 말씀을 들을 때 순종하려고 마음먹어야 합니다.

순종이 제사보다 낫고 듣는 것이 수양의 기름보다 낫다고 했습니다. 하나님이 원하시는 제사는 상한 심령입니다. "상했다"는 것은 '완전히 깨어졌다, 가루가 되었다, 항복했다'는 뜻입니다.

자아가 죽고 항복한 사람은 이렇게 기도합니다.

"주님, 내 자아는 완전히 가루가 되었습니다. 하나님의 말씀대로 나를 빚으소서. 성령의 바람에 날려 가는 인생이 되게 하소서."

주의 말씀 앞에서 내 뜻을 다 내려놓아야 합니다. 혈통과 육정과 사람의 뜻을 모두 버려야 합니다. 사람의 뜻은 율법주의 기준을 말하며, 자기 뜻을 따라 임의로 어떤 일을 하겠다고 달려가는 것을 말합니다. "왜 모든 일이 내 계획대로 안 되는 거야"라면서 밤낮 원망과 불평, 근심과 좌절하는 사람은 회개해야 합니다.

그런 자아가 다 깨어져 가루가 되어야 합니다. 교회를 다니면서도 순간마다 '자아 폭발' 하는 사람이 있습니다. 주 앞에서 자아 폭발이 아닌 '자아 가루'가 되어야 합니다. 온유하고 겸손한 자아가 되어야 합니다. 모든 일에 주님께 묻는 종의 자아가 되어야 합니다.

나는 어떤 일이 생길 때마다 성경 말씀으로 돌아갑니다.

그리고 성경의 저자이신 성령님께 묻습니다.

"성령님, 어떻게 할까요?"

그러면 성령님께서 성경 말씀을 떠올려 주시고 성경 말씀에 근거한 세미한 음성으로 내게 말씀하십니다. 나는 그 '주의 음성'을 붙들고 살아갑니다. 그리고 이렇게 도움을 구합니다.

"성령님, 오늘도 주의 음성 안에서 살게 해주세요."

주의 음성은 천국의 속성만 가득합니다. 나는 오직 그 음성만 마음으로 믿고 입술로 고백하면서 모든 상황을 다스립니다. 로마서 10장 10절에 "사람이 마음으로 믿어 의에 이르고 입으로 시인하여 구원에 이른다"고 했는데 이 원리는 영혼의 구원에만 적용되는 것이 아니라 삶의 모든 상황에 해당합니다. 당신도 실천하십시오.

지옥의 속성인 죄와 목마름, 병과 가난, 어리석음과 징계와 죽음에 대한 생각을 끝도 없이 지껄이는 불안하고 두려워하는 자아가 아닌 천국의 속성인 의와 성령 충만, 건강과 부요, 지혜와 평화와 생명에 대한 생각을 고백하는 믿음의 자아가 되게 하십시오.

구약 시대에 '고운 가루'를 제물로 드리기도 했습니다.

지금도 가루처럼 완전히 깨어진 자아를 가지고 하나님께 나아가 예배해야 합니다. 그리고 '온전한 복음'을 받아들여야 합니다. 온전한 복음이 무엇일까요? '예수님이 십자가에서 다 이룬 복음'입니다.

내 행위로 뭘 하겠다고 설치는 것이 아닙니다.

"예수님이 십자가에서 다 이루었다. 오직 믿음으로 죄를 사함 받고 의로워지고, 믿음으로 성령 충만해지고, 믿음으로 건강하고 부요해지며, 믿음으로 지혜와 평화와 영원한 생명을 얻게 된다."

이것이 온전한 복음이요 믿음의 말씀입니다.

오직 이 은혜의 복음만 받아들여야 합니다.

이를 위해 성경을 다시 읽기 시작하십시오.

모든 성경은 '주의 말씀'입니다.

스토리와 스타일 인생을 살라

당신은 어떤 옷을 즐겨 입습니까?

나는 깔끔하고 단정한 스타일의 옷을 좋아합니다.

많은 사람들이 '스펙과 스킬'만 있으면 성공한다고 생각합니다.

아닙니다. 인생이 풍요로워지려면 네 가지가 다 있어야 합니다.

무엇일까요? 스펙과 스킬, 스토리와 스타일입니다.

스펙은 학벌이고 스킬은 전문 기술입니다. 학벌과 전문 기술은

한 장짜리 졸업장과 자격증으로 주어집니다. 이것은 대기업 직원, 공무원, 군인, 전문직에게 필요한 것이며 평생 먹고사는 문제를 해결하는데 큰 도움을 줍니다. 하지만 그것만으로는 부족합니다.

아름다운 인생을 살려면 '스토리와 스타일'을 더해야 합니다.

스토리는 그동안 하나님과 동행하며 살아온 이야기입니다.

"나는 스토리가 없어요. 그냥 열심히 직장 생활만 했어요."

아닙니다. 예수님을 믿고 구원 받은 것, 기도 응답 받은 것, 믿음의 사람을 만나 결혼하고 자녀를 낳아 키운 것, 여러 가지 크고 작은 시련과 환난을 이겨낸 것, 꿈과 소원이 이뤄진 것 등 많은 이야기가 있습니다. 그런 것을 책으로 담아내는 것이 필요합니다. 책은한 장짜리 졸업장과 자격증과는 비교할 수 없을 정도로 두껍고 풍성합니다. 수재들은 짜깁기 논문을 써내지만 천재들은 꺼내기 책을 써냅니다. 당신 안에 있는 스토리를 꺼내 책을 쓰십시오. 죽기 전에 반드시 책을 출간하기 바랍니다. 책은 자손 천대까지 남습니다.

스타일은 하나님이 주신 지혜로 외모를 가꾸는 것입니다.

"스타일이 뭐 필요해요. 나는 그런 것에 관심이 없어요."

구약 시대 제사장뿐만 아니라 신약 시대 예수님도 스타일을 중요하게 여기셨습니다. 요셉은 어릴 때 채색 옷을 입었고 나중에 애굽의 국무총리가 되었을 때는 손에 인장 반지를 끼고 바로의 병거를 탔습니다. 바로는 요셉에게 "내가 말한 스타일을 갖추고 애굽을 통치하라. 그래야 그들이 네 말을 들을 것이다"라고 했습니다.

예수님을 보십시오. 그분의 스타일이 어땠습니까?

"인자 같은 이가 발에 끌리는 옷을 입고 가슴에 금띠를 띠고 그의 머리와 털의 희기가 흰 양털 같고 눈 같으며 그의 눈은 불꽃같고 그의 발은 풀무 불에 단련한 빛난 주석 같고 그의 음성은 많은 물소리와 같으며 그의 오른손에 일곱별이 있고 그의 입에서 좌우에 날선 검이 나오고 그 얼굴은 해가 힘 있게 비치는 것 같더라."(계1:13~16)

예수님은 그분에게 걸맞은 스타일의 옷을 입으셨고 우리가 천국에 가면 우리 모두에게 의인에 걸맞은 흰옷을 입혀 주실 것입니다.

바울은 자기만 아니라 모든 자에게 의의 면류관을 주실 것이라고 말했습니다. "이제 후로는 나를 위하여 의의 면류관이 예비되었으므로 주 곧 의로우신 재판장이 그 날에 내게 주실 것이며 내게만 아니라 주의 나타나심을 사모하는 모든 자에게도니라."(딤후 4:8)

스타일(style)은 '사물이 존재하는 모양이나 상태, 사람의 행동에 드러나는 독특하고 일정한 방식, 각자의 개성을 드러내는 머리나 복장의 양식' 등을 의미합니다. 물론 하나님이 보시기에 가장 중요한 것은 중심이지만 이미 중심을 갖춘 하나님의 자녀는 사람들 앞에서 행동할 때 자신만의 독특한 스타일을 갖추고 그 수준을 유지해야 합니다. 스타일은 그 사람의 많은 것을 단번에 말해 줍니다.

한번은 내가 두 달에 한 번씩 있는 신학대학원 친구 모임에 갈 때 청바지에 슬리퍼를 끌고 간 적이 있습니다. 그 모습에 다들 충격을 받은 듯 했습니다. "와, 오늘 김열방이 슬리퍼를 신고 왔다."

나는 평소에 항상 깔끔한 정장 바지에 수제 구두를 신고 다니는데, 그날은 20년 만에 처음으로 친구 모임에 그런 차림으로 갔던 것입니다. 좋은 의미에서는 '우리를 편하게 대한다'고 생각할 수 있지만 나쁜 의미에서는 '우리를 무시하는 거 아닌가?'라고 생각할 수도 있습니다. 물론 내가 친구를 무시해서 그렇게 해간 것은 아닙니다.

예식장에서의 복장, 골프장에서의 복장, 각종 운동마다의 복장이 정해져 있습니다. 모든 모임의 기본은 복장입니다. 어떤 모임이든 걸맞은 복장을 갖추는 것이 예의입니다. 그리고 자기 인생에 대한 예의도 복장을 통해 표현할 수 있습니다. 부부가 함께 동네를 산책할 때도 서로를 존중하는 복장을 갖추는 것은 매우 중요합니다.

'산책이 뭐 별 거야'라고 생각하지 마십시오. "평생 한번만이라도 사랑하는 아내와 함께 손잡고 동네를 산책하면 소원이 없겠다"고 말하는 사람도 많다는 사실을 기억하십시오. 아내와 산책하는 것을 가볍게 여기지 마십시오. 그에 걸맞은 멋진 옷을 입으십시오.

가장 좋은 옷은 권능의 흰옷입니다. 예수님은 "흰 옷을 사서 입어 벌거벗은 수치를 보이지 않게 하라"(계 3:18)고 말씀하셨습니다.

예수님이 높은 산에서 기도하실 때 그 옷이 희어졌습니다. 그 옷이 바로 '권능의 흰옷'이었습니다. 하나님의 나라가 권능으로 예수님에게 임한 것이었습니다. 이 권능의 옷은 기도할 때 입혀집니다.

"또 그들에게 이르시되 내가 진실로 너희에게 이르노니 여기 서 있는 사람 중에는 죽기 전에 하나님의 나라가 권능으로 임하는 것을 볼 자들도 있느니라 하시니라. 엿새 후에 예수께서 베드로와 야고보와 요한을 데리시고 따로 높은 산에 올라가셨더니 그들 앞에서 변형되사 그 옷이 광채가 나며 세상에서 빨래하는 자가 그렇게 희게 할 수 없을 만큼 매우 희어졌더라."(막 9:1~3)

당신도 기도를 통해 권능의 옷을 입으십시오.

영적인 스타일을 유지하십시오.

택함 받으려면 스타일을 챙기라

중요한 만남에 택함 받는 비결을 알고 싶습니까?

그것은 스펙이나 스킬보다 더 막강한 힘을 가진 스토리와 스타일의 힘에 있습니다. 이 모든 것의 끝에 스타일이 있습니다.

'스타일은 아무것도 아니야. 노숙자도 자기 스타일이 있잖아.'

인생의 끝에는 스타일이 결정짓습니다. 예수님은 왕의 잔치에 청함을 받는 것은 모든 사람에게 해당되었지만 왕에게 택함을 받는 것은 오직 예복을 갖춰 입은 사람에게만 해당되었다고 하셨습니다.

"종들이 길에 나가 악한 자나 선한 자나 만나는 대로 모두 데려오니 혼인 잔치에 손님들이 가득한지라. 임금이 손님들을 보러 들어올새 거기서 예복을 입지 않은 한 사람을 보고 이르되 '친구여, 어찌하여 예복을 입지 않고 여기 들어왔느냐?' 하니 그가 아무 말도 못하거늘 임금이 사환들에게 말하되 '그 손발을 묶어 바깥 어두운 데에 내던지라. 거기서 슬피 울며 이를 갈게 되리라' 하니라. 청함을 받은 자는 많되 택함을 입은 자는 적으니라."(마 22:10~13)

스타일은 '노동 가치'가 아닌 '존재 가치'를 드러냅니다.

인생은 노예와 하녀처럼 땀 흘리며 열심히 일만 한다고 존중받는 것이 아닙니다. 우아하고 고상한 왕족의 자태 곧 존재 가치가 있어야 합니다. 우리 모두는 만왕의 왕이신 하나님의 자녀입니다.

그렇다면 그에 걸맞은 스타일을 갖추도록 노력해야 합니다.

특히 여자들은 모임에 갈 때 헤어스타일과 옷에 신경 써야 합니다. 존중받고 싶으면 아우라가 넘치는 옷을 입으십시오. 아우라(aura)는 '고상하고 독특한 분위기, 또는 독특한 품위나 품격'을 의미합니다. 다르게 말하면 '기품'입니다. 그런 옷을 입으십시오.

존귀한 옷을 입기 위해 미리 계획을 세우십시오. "존귀한 자는 존귀한 일을 계획하나니 그는 항상 존귀한 일에 서리라."(사 32:8)

당신은 그리스도 안에서 존귀한 사람입니다.

자신의 물건을 귀하게 여기라

나는 20대의 한 신학생에게 말했습니다.

"신발 끈이 풀렸다. 다시 잘 매라."

"허리띠가 돌아갔다. 가운데 오도록 똑바로 차라."

그 청년은 옷 입는 것, 신발 신는 것, 헤어스타일이 늘 흐트러져 있습니다. 아무리 코치해도 잘 바뀌지 않았습니다.

"너는 지도자의 길을 걷기 위해 준비하고 있다. 옷차림을 단정하고 멋지게 하라. 구두도 깨끗이 닦고 손톱도 깔끔하게 깎아라."

그는 가방을 가져오면 아무렇게나 던져 놓았습니다.

"너의 가방은 너만큼이나 소중하다. 가방을 의자 위나 네 발 곁에 두어라. 네 물건을 소중하게 관리해라."

끝도 없이 가르쳐야 했습니다. 지금은 많이 좋아졌습니다. 이런 것은 부모가 어릴 때부터 꾸준히 가르치며 코치해야 합니다.

외동아들이라고 금지옥엽으로 오냐오냐하며 키워 놓으면 자식을 망칩니다. 잘못된 태도가 몸에 배이면 고치기 어렵습니다.

"밥을 먹을 때 게걸스럽게 먹지 마라."

"반찬을 뒤적거리며 들었다 났다 하지 마라."

그는 밥 먹으면서 침을 튀기고 음식을 뒤적이며 골라 먹는 등 심각했습니다. 10년 동안 가르쳤지만 잘 바뀌지 않았습니다. 나도 옛날에 그랬을 수도 있습니다. 내 눈에는 더 큰 들보가 있습니다.

예의와 질서는 어릴 때 집에서 부모님께 배워야 합니다. 머리가 좋아서 공부만 잘한다고 되는 것이 아닙니다. 부모는 말합니다.

"너는 공부만 열심히 해. 다른 것은 우리가 다 책임질게."

지금은 그 청년이 직장에 다니며 월급을 받고 있습니다.

그의 부모는 다 큰 아들에게 이렇게 말했습니다.

"너는 열심히 직장 생활만 해. 그리고 월급은 다 가져와. 엄마 아빠가 저축도 하고 투자도 하면서 잘 관리해 줄게."

그러면 또 한 번 그 아이를 망치게 됩니다.

직장에서 일을 잘하는 것만 중요한 것이 아니라 자기에게 주어진 돈을 직접 관리하는 것도 중요합니다. 이것도 어릴 때부터 배워야 합니다. 아이들에게 용돈을 주고 직접 관리하게 해야 합니다.

자녀들도 하나씩 독립하려는 의지를 가져야 합니다.

"내가 가진 돈을 빨리 다 쓰고 또 용돈 받아야지."

틀린 것은 아닙니다. 직장에 다니면서도 월급 받은 것을 다 쓰고 나면 월말에 또 월급을 받습니다. 하지만 그 사람은 죽을 때까지 돈의 노예가 됩니다. "내가 어떻게 하면 이 돈을 잘 굴려서 더 큰 수입을 올릴 수 있을까?"라고 어릴 때부터 궁리해야 합니다.

부모가 자녀에게 용돈 주는 것은 좋은 일이지만 재정 관리에 대한 지혜를 끊임없이 가르치고 코치해야 합니다. 비록 작은 돈이지만 자녀가 그 돈을 관리하고 굴려 나가는 것은 결혼하고 나서가 아닌 지금부터 연습해야 합니다. 실수하고 실패해도 계속 모험하며 배우게 하십시오. 학교에서는 그런 것을 가르치지 않습니다.

"저축만 해라. 그 외에는 돈을 관리하는 방법이 없다."

"공부만 열심히 해라. 그것만이 먹고 살 길이다."

아닙니다. 학교 공부가 중요하지만 그게 전부는 아닙니다.

자녀가 어릴 때부터 성령님과 동업하며 인생길을 개척해 나가도록 도와주어야 합니다. 자립하는 것도 하나의 과정입니다.

자립하면서 많은 시행착오를 겪습니다. 그래도 괜찮습니다.

그러면서 자산을 하나씩 확보하도록 자녀를 코치해야 합니다.

많은 경우 매달 월급 받아서 다 쓰고 없습니다. 카드 긁고 갚고 또 긁고 갚습니다. 겨우 먹고 살면서 빈 지갑과 빈 통장의 쳇바퀴를 계속 돌리는 것입니다. 이제 그만 반복하고 그 쳇바퀴에서 내려와야 합니다. 이렇게 성령님께 도움을 구하십시오.

"성령님, 제 인생의 재정 기류를 바꿔 주세요. 제가 밑바닥에서 쳇바퀴만 돌리는 이런 비참한 인생 습관을 멈추게 해주세요. 수십억, 수백억의 현금 수위를 유지하게 해주세요. 기록된 말씀대로 민족들에게 꾸어 줄 정도로 부요한 삶을 살게 해주시고 또 누르고 흔들어 넘치도록 하여 안겨 주시는 복을 경험하게 해주세요."

이렇게 도움을 구하면 어느 순간 응답이 오기 시작합니다.

하나님의 자녀는 자산이 많아야 합니다. 자산이 뭘까요? 땅이나 빌딩, 회사를 통해 자동으로 현금 흐름이 생기게 하고 매달 수천만 원, 수억 원의 돈이 통장에 자동으로 흘러 들어오게 하는 것입니다.

당신도 이런 꿈과 소원을 가지면 하나님이 응답해 주십니다.

인생은 꿈대로 믿음대로 다 됩니다.

모든 만남에서 예수님만 자랑하라

당신은 어떤 방법으로 복음을 전합니까?

나는 모든 사람에게 모든 방법으로 복음을 전합니다.

20세에 성령을 체험한 후부터 지금까지 나는 저술과 강연, 텔레비전과 라디오, 인터넷과 신문, 부흥회와 세미나를 통해 복음을 전했습니다. 얼마 전에는 한 단체의 수련회를 인도하러 갔습니다.

장애인들과 도우미들, 군인들이 모두 수백 명이 모인 가운데 집회가 진행되었습니다. 깊은 고민에 빠져 "성령님, 무슨 말씀을 전할까요?"라고 여쭌 다음 메시지를 기다렸습니다. 한두 명이 아픈 것이 아니라 전부 다 장애인이니까 당황했던 것입니다.

"저들에게 꿈과 용기를 주는 말씀을 전할까요? 아니면 칭찬과 격려, 또는 인내에 대한 말씀을 전할까요? 저기 휠체어에 앉아 있는 수많은 사람들과 또 자리를 깔고 누워 있는 사람들을 보십시오."

성령님께서는 전혀 다른 말씀을 하셨습니다.

'아들아, 이들에게 오직 예수 그리스도 복음을 전파하라.'

나는 강단에 올라가 입을 열고 강력하게 복음을 전했습니다.

"하나님의 아들 예수 그리스도가 여러분의 죄와 질병을 다 짊어지고 십자가에서 피 흘리고 살 찢으며 죽으셨습니다. 그분은 하나님의 아들이십니다. 예수를 믿으면 죄를 사함 받고 구원받습니다. 예수 그리스도가 지금 이 자리에 와 계십니다. 예수를 구주로 영접하고 하나님의 종으로 헌신할 사람은 자리에서 일어나십시오."

많은 사람들이 주님의 부르심에 응답했습니다.

온전한 복음의 책이 인생을 바꾼다

그 장애인 선교회의 대표는 20년 전에 그 단체를 세우고 많은 봉사 활동을 했습니다. 그러나 내가 예전에 그랬던 것처럼 온전한 복음을 깨닫지 못한 상태였기 때문에 매일 밤 12시에서 3시까지 기도하며 영적인 충만함을 받으려고 몸부림쳤다고 했고 그 의를 내세우며 설교하고 단체를 이끌었습니다. 그는 이렇게 외쳤습니다.

"내가 하루에 세 시간씩 기도하기 때문에 그 힘으로 이렇게 설교하고 또 장애인들을 섬길 수 있는 능력을 얻게 된 것입니다. 여러분도 나처럼 기도해야 하나님께 크게 쓰임 받습니다."

그런 가운데 그는 지나칠 정도로 몸을 많이 혹사시켰습니다. 직접 장애인을 업고 계단을 오르내리고 무거운 장비들을 지고 날랐기 때문입니다. 어느 날 너무 무리하여 허리를 다치게 되었습니다.

허리 디스크 수술을 하고 병원에 누워 있는 동안 내가 쓴 책 25권을 구입하여 열 번씩 읽었다고 했습니다. 그분이 말했습니다.

"김열방 목사님, 제 신앙이 완전히 바뀌었습니다. 그동안 내 의를 내세우며 하나님의 일을 한다고 했는데, 그것이 잘못된 것임을 깨달았습니다. 예전에는 성령님이 내 안에 한두 방울 정도 들어와 계신다고 생각했고 기도와 금식을 많이 하면 성령이 더 많아질 거라고 생각했는데 목사님의 책을 읽으면서 바뀌었습니다. 성령님은 하나님이시고 한강 같이 넘치는 기름 부음으로 내 안에 가득히 들어와 계신 것을 알게 되었습니다. 이제 저는 자유를 얻었고 마음이 행복하고 기쁩니다. 김열방 목사님은 제 믿음의 멘토이십니다."

이처럼 수십 년간 율법주의에 매여 노예 같은 신앙생활을 하던 분들이 내가 쓴 책을 읽고 예수님이 십자가에서 다 이룬 복음을 깨닫는 순간 완전히 변화되는 모습을 나는 많이 보았습니다.

지금 성령님은 당신 안에도 가득히 들어와 계십니다.

사람이 성령 충만해지는 비결

당신은 성령 충만에 대한 복음을 아십니까?

나는 20대에 예수를 구주로 믿고 성령으로 거듭났습니다.

그 후로 수많은 책들을 읽으면서 율법주의로 미끄러졌습니다.

그래서 성령 충만을 받기 위해 하루에 몇 시간씩 기도해야 된다고 생각했습니다. 물동이에 물 뜨는 것처럼 한 시간 기도하면 한 동이, 두 시간 기도하면 두 동이로 늘어난다고 오해했습니다. 금식을 많이 하면 성령의 은사가 더 많이 나타나게 될 거라고 믿었습니다.

성령님을 단순히 물질적인 양의 개념으로 생각했던 것입니다.

우리가 분명히 기억해야 할 것은 '성령님은 하나님이시다'라는 것입니다. 나는 성령 충만을 받는 방법에 대해 무지했습니다.

"내가 10년 동안 기도했지만 앞으로 10년 동안 더 많이 기도해야 돼. 그러면 하나님께서 방언에 통역의 은사를 더하시고 예언의 은사와 병 고치는 은사를 더하실 거야. 큰 능력이 나타날 거야."

하나님은 그것이 잘못되었다고 하셨습니다.

하루는 혼자 조용히 잠실의 한 공원을 산책하고 있을 때 갑자기 내 마음에 성령님의 감동하심과 깨달음이 왔습니다.

'아들아, 사람이 성령 충만해지는 비결이 무엇인지 아느냐?'

'모르겠습니다. 제가 10년 동안 매일 세 시간씩 기도했지만 안 됩니다. 목이 마르고 부족하다는 느낌 밖에 들지 않습니다. 하루에 세 시간, 일곱 시간 기도했다는 내 의를 내세우며 지금까지 달려왔습니다. 저는 지금 지칠 대로 지쳤습니다. 어떻게 해야 할까요?'

그때 주님께서 내 마음에 새로운 가르침을 주셨습니다.

'아들아, 네가 잘못 알았다. 성령 충만해지는 비결은 일곱 시간씩 기도하는데 있는 것이 아니라 믿음이다.'

나는 많이 놀랐습니다. 믿음으로 구원받고 의로워진다는 것은 들었지만 믿음으로 성령 충만해진다는 것은 처음 들었던 것입니다.

이 두 가지가 신앙생활의 기본입니다. 무엇일까요?

첫째, 사람이 율법의 행위로 말미암아 의로워질 육체가 한 명도 없으므로 하나님께서 한 의를 예비하셨는데 곧 예수 그리스도를 믿음으로 말미암는 의였습니다. 착한 일을 많이 하고 고행을 많이 하고 도를 닦는다고 의로워질 수 없습니다. 그런 의는 다 티끌처럼 작은 의입니다. 하나님 앞에 의롭다고 인정받으려면 하나님이 주시는 태산 같이 큰 의를 선물로 받아야 합니다. 그것은 곧 예수 그리스도가 우리 대신 십자가에 매달려 피와 땀과 눈물을 쏟으면서 모든 죄와 저주를 다 짊어지고 죽으셨다는 것을 믿음으로 말미암아 하나님께 거저 얻는 의입니다. 큰 의를 선물로 받습니다.

둘째, 성령 충만에 대해서는 내가 한 시간, 두 시간, 세 시간, 일곱 시간을 기도해야만 조금씩 더 얻게 된다고 잘못 알고 있었던 것입니다. 그러면서 하나님의 은혜를 짓밟고 예수 그리스도 십자가 원수로 행하고 하나님의 아들의 속량의 복음을 무시했던 것입니다.

기도하지 말라는 말이 아닙니다. 나는 지금도 매일 세 시간 이상 기도하고 있습니다. 하지만 성령 충만을 받기 위해서 기도하는 것이 아닙니다. 믿음으로 말미암아 자동으로 성령 충만하기 때문에 내 안에서 흐르는 생수의 강을 따라 행복한 마음으로 기도하며, 들숨과 날숨을 통해 흐름을 타며 기름 부음을 따라 기도합니다.

하나님의 아들 예수 그리스도가 이 땅에 와서 우리 대신 죄와 목마름과 병과 가난과 어리석음과 징계와 죽음을 다 짊어지고 십자가에 매달려 땀과 피와 눈물을 쏟으면서 벌거벗긴 채로 죽으셨습니다.

그분이 말씀하셨습니다. "다 이루었다."(요 19:30)

이 말은 "값을 지불했다. 대가를 다 치렀다. 너희 대신 전쟁터에 나가서 싸워 승리했다. 너희가 해야 할 일을 대신 끝냈다”는 의미가 담겨 있습니다. 그러므로 우리가 해야 할 일은 없고 예수를 믿음으로 의로워진 것처럼 예수를 믿음으로 우리 배에서 생수의 강이 흘러넘치게 되었습니다. 나는 이것을 깨닫고 큰 자유를 얻었습니다.

그때부터 이런 내용을 담은 책들이 쏟아져 나오게 되었습니다.

하나님은 내게 책을 쓰라고 말씀하셨습니다.

“책에 써서 후세에 영원히 있게 하라.”(사 30:8)

품위 있게 하고 질서 있게 하라

당신은 교회의 덕을 세우기 위해 통제합니까?

그날 내가 설교하러 강단에 올라가니 시끄러운 소리가 들렸습니다. 현대무용을 하는 선교회가 먼저 공연한 후에 무대 바닥을 철거하는 작업을 하고 있었던 것이었습니다. 그들은 단체로 무대 위를 뛰어다니며 춤추고 연극하면서 모인 사람들을 감동시켰습니다.

그런 후에 그들은 먼저 가겠다고 바쁘게 움직였습니다.

집회 장소 뒤편에서는 조립식 조명 장치를 철거한다고 시끄러웠고 앞쪽에서는 바닥을 철거한다고 더 시끄러웠습니다. “좌자작, 찍이이익!” 하며 뜯는 소리가 심하게 들렸습니다. 내가 설교를 시작한 지 10분이 지났는데도 계속 그 작업을 하고 있었습니다.

나는 크신 성령님을 모시고 있기 때문에 아무리 시끄러워도 설교하는 데는 지장이 없습니다. 주변 소음과 상관없이 군중들에게 퍼붓듯이 말씀을 전합니다. 그러나 거기에 모인 수백 명의 사람들은 말씀을 듣지 못하고 그 소리와 작업하는 모습에 마음을 빼앗기고 있었습니다. 나는 개인적으로 그들을 용서했지만 전체에 덕이 되지 않는다고 판단하여 큰 소리로 그들을 통제했습니다.

"뭐 하는 거예요? 다들 멈추세요."

몇 사람이 멈추고 내려왔지만 작업한다고 푹 빠져 내 말을 못 들은 사람이 있었습니다. 나는 더 큰 소리로 말했습니다.

"당장 멈추세요. 지금 하나님께 예배하는 중인데 뭣들 하는 거예요. 무대 철수는 예배 끝나고 해도 됩니다."

내가 설교하기 직전까지 공연이 진행되었고 공연이 마친 후에 선교회 대표 목사님이 올라와 종을 땡 치고 "지금부터 예배를 드리겠습니다"라고 예배 시작을 선언한 상태였습니다. 예배가 한 시간 정도 잡혀 있었는데 그걸 못 기다리고 자기 팀들이 먼저 가겠다고 철거 작업을 서두르고 있었던 것입니다. 내가 말했습니다.

"이런 식으로 하면 안 됩니다. 저도 해남, 포항, 울산에서 집회할 때 늦게 마치고 그날 밤에 서울까지 가야 하지만 이런 식으로 하지는 않습니다. 예배할 동안 잠시 작업을 멈추세요."

그제야 그들이 작업을 멈추고 함께 예배하기 시작했습니다.

용서한다고 모든 잘못을 허용하라는 말은 아닙니다.

바울은 고린도 교회의 무질서와 혼란을 다스리며 통제했습니다.

"하나님은 무질서의 하나님이 아니시요 오직 화평의 하나님이시니라. 모든 것을 품위 있게 하고 질서 있게 하라."(고전 14:33, 40)

공연보다 중요한 것은 예배입니다. 공연을 통해 군중에게 좋은 영향을 끼치기는 하지만 하나님은 구원의 감격과 즐거움으로 그분께 예배하기를 원하십니다. 하나님은 영광스러운 분입니다.

우리가 공연과 행사를 통해 하나님께 영광 돌린다 해도 그것은 티끌처럼 작은 것에 불과합니다. 하나님은 자신에게 큰 영광이 있고 그 영광의 하나님이 우리 안에 가득히 들어와 계십니다.

예수님은 '영광'에 대해 이렇게 기도하셨습니다. "나는 아버지께서 내게 주신 영광을 그들에게 주었습니다. 그것은 우리가 하나인 것과 같이 그들도 하나가 되게 하려는 것입니다."(요 17:22)

그 영광이 무엇일까요? 바로 성령님이십니다. 성령님은 영광의 영이시며 하나님이십니다. 예수를 구주로 믿을 때 성령님이 우리 안에 가득히 들어오시는데 그분이 곧 하나님의 영광입니다.

모든 사람이 죄를 범하였으매 하나님의 영광에 이르지 못하게 되었습니다. 죄의 삯은 사망입니다. 예수 그리스도가 이 땅에 와서 십자가에 매달려 죽으심으로 죄의 삯을 다 지불하셨습니다.

예수를 믿는 사람은 더 이상 죄 값을 지불하지 않아도 됩니다.

예수를 믿는 사람은 그 피로 모든 죄를 사함 받고 성령으로 거듭나 하나님의 자녀가 되고 왕족의 일원이 됩니다. 그런 사람에게는 하나님의 영광의 구름이 덮게 됩니다. 하나님의 영광이 회복됩니다.

하나님의 영광에 이르지 못하게 된 것이 아니라 하나님의 영광에 이르게 되었습니다. 하나님의 영광이 그 사람 속에 가득히 들어오게 되었습니다. 그러므로 이렇게 말해야 합니다.

"하나님의 영광이 내 안에 가득하다."

하나님은 그분의 영광을 우상과 나누지 않습니다. 그분의 찬송을 다른 자에게 주지 않습니다. 그러나 하나님의 영광을 우상이 아닌 그분의 자녀와는 나누십니다. 그분의 찬송을 다른 사람에게는 주지 않지만 그분의 자녀의 입술에는 주셨습니다. 그러므로 우리가 입술을 열어 그분을 찬송하게 된 것입니다. 이것이 은혜입니다.

우리는 하나님의 영광을 가지고 이 땅에서 영광스런 삶을 살게 되었습니다. 지금 당신 안에 하나님의 영광이 태양보다 더 큰 빛으로 들어와 있습니다. 영광은 '아름답고 빛난다'는 뜻입니다.

하나님의 영광은 온 우주에서 가장 아름답고 빛나는 것입니다.

우리는 하나님의 영광을 인정하고 존중하고 경외해야 합니다.

하나님과 영광과 성령님에 대해 이렇게 고백하기 바랍니다.

"하나님의 영광은 성령님이시다."

"성령님은 하나님이시다."

모임에서 사람의 영광을 구하지 마라

당신은 모임에서 사람의 영광을 구하지 않습니까?

나는 사람의 영광을 구하지 않고 오직 하나님의 영광만 구합니다. 사람의 영광은 아무것도 아닙니다. 먼지와 티끌 같습니다.

나는 모임에 가기 전에 성령님께 도움을 구합니다.

"성령님, 사람의 영광을 구하지 않게 해주세요."

한 바리새인이 예수님께서 자기와 함께 잡수시기를 청했습니다. 그는 잔치를 벌이고 그냥 예수님을 대접하면 된다고 생각했습니다. 그 잔치는 자신을 위한 것이었습니다. '내가 예수님을 모시고 함께 식사하게 되면 많은 사람들이 집안으로 밀려들어올 것이며 내가 얼마나 특별한 사람인가를 사람들에게 알리는 기회가 될 거야.'

그것은 진정으로 예수님을 대접하기 위한 것이 아니라 자기 의를 드러내기 위한 것이었습니다. 그는 사람의 영광을 구했습니다.

예수님이 그 바리새인의 집에 들어가 앉으셨을 때 그 동네에 죄인인 한 여자가 있었습니다. 그녀는 예수님께서 그 집에 앉으셨음을 알고 향유 담은 옥합을 가지고 와서 예수님의 뒤로 그 발 곁에 서서 울며 눈물로 그 발을 적시고 자기 머리털로 씻고 그 발에 입 맞추고 향유를 부었습니다.

예수님을 청한 바리새인이 이것을 보고 마음에 생각했습니다.

'이 사람이 만일 선지자라면 자기를 만지는 저 여자가 누구며 어떤 여자인 줄 알았을 것이다. 저 여자는 죄인이다.'(눅 7:39)

이 바리새인은 예수님을 선지자 정도로 생각했습니다. 자기에게 율법에 대해 더 자세히 알려주면 그것까지도 완벽하게 지키므로 더 의로워질 거라고 생각했습니다. 그러나 예수님은 단순한 선지자가 아니었고 하나님의 아들이셨습니다. 그는 그걸 몰랐던 것입니다.

오늘날도 사람들은 교회에 가서 뭔가 하나라도 더 깨달으려고 합니다. 윤리적이고 도덕적이고 철학적으로 또 여러 가지 규례와 법도를 자세히 배워 좀 더 나은 삶을 살려고 합니다.

"그러면 내가 더 완벽한 삶을 살게 될 거야."

하지만 이 여인은 예수님께 엎드려 예배했습니다.

예배가 무엇입니까? 예수님의 발에 입 맞추는 것입니다.

예수님께서 대답하셨습니다.

"시몬아! 내가 네게 이를 말이 있다."

"선생님, 말씀하십시오."

"만약 빚 주는 사람에게 빚진 자가 둘이 있어 하나는 오백 데나리온을 졌고 하나는 오십 데나리온을 졌는데 갚을 것이 없으므로 둘다 탕감하여 주었으니 둘 중에 누가 저를 더 사랑하겠느냐?"

한 데나리온은 노동자 하루 품삯에 해당됩니다. 만약 하루에 10만 원을 받는다고 하면 50데나리온은 500만 원 정도이며, 500데나리온은 5천만 원 정도입니다. 그것을 갚을 능력이 없기 때문에 탕감해 주었다는 것입니다. 그러면 둘 중에 누가 더 큰 은혜를 입었습니까? 당연히 500데나리온입니다. 시몬이 대답했습니다.

"제 생각에는 많이 탕감함을 받은 자입니다."

"네 판단이 옳다."

예수님께서 여자를 돌아보시며 시몬에게 이르셨습니다.

"이 여자를 보느냐? 내가 네 집에 들어왔는데 너는 내게 발 씻을 물도 주지 아니하였지만 이 여자는 눈물로 내 발을 적시고 그 머리털로 씻었다. 너는 내게 입 맞추지 아니하였지만 저는 내가 들어올 때로부터 내 발에 입 맞추기를 그치지 아니하였다. 너는 내 머리에 감람유도 붓지 아니하였지만 저는 향유를 내 발에 부었다. 이러므로 내가 네게 말한다. 저의 많은 죄가 사해졌다. 이는 저의 사랑함이 많기 때문이다. 사함을 받은 일이 적은 자는 적게 사랑한다."

이에 여자에게 이르셨습니다.

"네 죄 사함을 얻었다."

그러자 함께 앉은 자들이 놀라며 속으로 말했습니다.

'이가 누구이기에 죄도 사하는가?'

그들은 다 예수님을 선지자나 랍비 중에 하나 정도로 생각했는데 사람의 죄를 사하니까 크게 놀랐던 것입니다. 예수님은 단순히 깨달음을 주시는 분이 아니라 메시아 곧 구원자이십니다. 그분은 하나님의 아들이십니다. 예수님께서 여자에게 이르셨습니다.

"네 믿음이 너를 구원하였으니 평안히 가라."(눅 7:50)

모든 사람이 충격을 받았습니다. 다들 자기 행위를 내세우고 있었는데 예수님은 그런 행위에 초점을 맞추지 않고 오직 믿음에 초점을 맞추셨던 것입니다. 예수님이 "네 행위"가 아닌 "네 믿음이 너를 구원했다"고 했을 때 그들은 도무지 이해할 수 없었습니다.

우리는 그 은혜를 인하여 믿음으로 구원을 얻습니다.

사람의 의보다 억만 배나 큰 하나님의 의

예수님께서 마태복음 5장 20절에 말씀하셨습니다.

"내가 너희에게 이르노니 너희 의가 서기관과 바리새인보다 더 낫지 못하면 결단코 천국에 들어가지 못하리라."

우리가 가진 의가 서기관과 바래새인보다 더 나아야 천국에 들어갈 수 있다는 말입니다. 무엇을 의미할까요? 서기관과 바리새인들은 율법주의자였고 완벽하게 율법 조항을 다 지키려고 힘쓰고 애쓴 사람들이었습니다. 십계명만 아니라 거기에서 파생된 수백 가지의 규례와 법도를 지키므로 완벽한 의를 추구하는 사람들이었는데 그들보다 더 의롭지 못하면 결단코 천국에 들어가지 못한다고 하신 것입니다. 이것은 그들보다 더 완벽하게 살라는 말이 아닙니다.

"그들보다 더 철저하게 계명을 지켜라."

그게 아닙니다. 다음과 같은 의미입니다.

"율법사들과 바리새인들, 서기관들이 갖고 있는 율법 행위에 근거한 의는 티끌 같이 작은 의다. 인간의 의는 다 더러운 옷 같아서 밖에 버려진다. 그것은 하나님 앞에 내세울 것이 못된다. 그들보다 억만 배나 더 나은 의를 소유해야 한다. 그것은 곧 하늘로부터 내려온 예수 그리스도를 믿음으로 말미암아 선물로 얻게 되는 태산 같이 큰 의를 말한다. 티끌 같은 사람의 의보다 억만 배나 큰 태산 같은 하나님의 의를 선물로 받아야만 천국에 능히 들어갈 수 있다."

율법은 천국에 들어가기 위해 지키는 것이 아닙니다. 율법으로는 의로워질 육체가 82억 인구 중에 단 한 명도 없습니다. "그러므로 율법의 행위로 그의 앞에 의롭다 하심을 얻을 육체가 없나니 율법으로는 죄를 깨달음이니라."(롬 3:20) 어떻게 의로워집니까?

오직 예수 그리스도를 믿음으로입니다. "이제는 율법 외에 하나님의 한 의가 나타났으니 율법과 선지자들에게 증거를 받은 것이라. 곧 예수 그리스도를 믿음으로 말미암아 모든 믿는 자에게 미치는 하나님의 의니 차별이 없느니라."(롬 3:21~22)

율법은 믿음으로 구원받은 하나님의 백성들이 거룩하고 건강하고 행복한 삶을 살라고 하나님이 주신 안전한 울타리입니다.

율법의 행위를 따라 예배하려고 하지 마십시오. 하나님의 은혜를 믿는 믿음으로 예배하십시오. 이런 예배를 하나님이 기뻐하십니다.

가장 큰 기적은 무엇일까요? 하나님의 은혜를 받아들이는 것이요 예수님을 사랑하는 마음으로 그분 앞에 예배하는 것입니다.

예수님은 자신이 합당한 예우를 받기 원하셨습니다. 오늘날 많은 사람들이 예수님께 대한 합당한 예우를 하지 않고 있습니다. 예수님께 대한 합당한 예우는 그분의 속량의 은혜를 인정하고 믿고 받아들이는 것입니다. 그 은혜에 감사하며 예배하는 것입니다.

당신은 120세까지 건강하게 살 것이다

당신은 몇 세까지 산다고 믿습니까?

나는 120세까지 건강하고 행복하고 부요하게 산다는 믿음을 갖고 있습니다. 이 책을 읽는 당신도 그런 삶을 살게 될 것입니다.

120세까지 살려면 지금부터 건강을 잘 챙겨야 합니다.

한 복음 전도자가 있는데, 지금 100세쯤 되었습니다.

나는 그분이 120세까지 살 거라고 믿고 있습니다. 그분은 소식(小食)하고 꾸준히 달리기를 비롯한 몇 가지 운동을 합니다. 그리고 매일 3만 명, 5만 명씩 모아 놓고 전도 집회를 열고 있습니다.

세계를 다니면서 불신자들을 잔뜩 모아 놓고 광장과 경기장에서 전도집회를 여는데 한 번에 귀머거리, 소경, 벙어리, 앉은뱅이가 100명씩 낫고 있습니다. 책도 100권 넘게 써냈습니다. 그분이 자기 관리를 잘했기 때문에 이런 복을 누릴 수 있었습니다.

우리의 몸은 영혼을 담는 그릇입니다. 그릇은 깨어지지 않도록 잘 관리해야 합니다. 우리의 마음도 그릇입니다. 마음에 무엇을 담을지 신중해야 합니다. 부정적인 것은 보지도 말아야 합니다.

얼마 전에 35세 된 연예인이 암으로 죽었습니다. 자기 몸을 제대로 관리하지 않았던 것입니다. 엉망으로 먹어 대니까 몸이 망가질 수밖에 없습니다. 그는 친구들에게 자랑하듯이 말했습니다.

"나는 매일 2천 원짜리 김밥과 만두로 끼니를 때운다."

그런 자랑은 하지 말아야 합니다. 자신의 소중한 몸에 아무거나 집어넣는 것은 지혜가 아닙니다. 아주 미련한 짓입니다.

많은 목회자들이 질병으로 쓰러져 가고 있습니다. 그들이 큰 죄를 짓거나 방탕한 삶을 사는 것도 아닙니다. 교회 중심으로 생활하며 오래 기도하고 성경을 많이 읽고 오직 주의 일에만 전념하는 분들입니다. 그런데 왜 당뇨병과 암으로 쓰러집니까?

더러운 식물을 먹기 때문입니다. 깨끗한 식물을 먹어야 합니다.

어떤 사람들은 내가 음식 이야기만 꺼내면 비웃듯이 말합니다.

"김열방 목사님, 웃기지 마세요. 아무거나 먹어도 안 죽습니다. 입맛에 끌리는 대로, 몸이 원하는 대로 먹으면 됩니다."

그런 사람들이 다들 퍽퍽 쓰러졌습니다.

광주의 한 성도님이 그랬습니다. 그는 매일 짜장면을 시켜 먹고 돼지고기를 구워 먹었습니다. 그러던 어느 날 아침, 그날도 돼지고기를 구워 먹고 길을 걷는 중에 갑자기 심장마비로 쓰러져 죽었습니다. 성경에서 먹지 말라고 한 더러운 식물을 먹기 때문에 뇌졸중, 중풍, 간질, 심장병으로 쓰러지는 사람이 많습니다.

우리 몸은 하나님의 성전입니다. 우리의 것이 아닙니다. 하나님이 값을 주고 산 것입니다. 우주의 왕이신 하나님이 내 안에 거하고 계시니 얼마나 소중합니까? 정말 몸 관리를 잘해야 합니다.

성경은 깨끗한 것을 먹으라고 명합니다. '곡채과'가 바로 그것입니다. 곡식, 채소, 과일을 주식으로 먹어야 합니다. 고기는 일주일에 한두 번 그것도 조금만 먹는 것이 좋습니다. 돼지고기는 먹지 말고 소고기나 양고기를 먹어야 합니다. 김치찌개나 된장찌개를 끓일 때도 돼지고기를 넣지 말고 소고기를 조금 넣으면 됩니다.

소파에 오래 앉아 있지 말고 일어나 운동해야 합니다.

나는 매일 습관을 좇아 산책합니다. 아내와 함께 집에서 나와 한 번씩 걸으면 쉬지 않고 두 시간을 걷습니다. 운동을 꾸준히 해야 건강하게 살 수 있습니다. 나는 걷는 것 외에도 몸을 움직이며 스트레칭을 합니다. 스트레칭을 하면 몸이 펴지고 몸매가 살아납니다.

나는 하루에 10분씩 아령을 들고 120회 정도 전신 또는 부분으로 몸을 움직이며 운동합니다. 여름에는 하루에 샤워를 세 번씩 하는데, 샤워하기 전에 10분씩 근육을 강화하며 힘을 기르는 운동을 합니다. 팔굽혀펴기와 윗몸일으키기도 조금씩 합니다.

한 성도님은 70세에 헬스를 시작해서 10년간 하루에 7시간씩 운동했습니다. 헬스장에서 '세상에 이런 일이'라는 텔레비전에 출연하라는 제안을 받기도 했습니다. 또 한 분은 지금 70세인데 하루에 윗몸 일으키기를 600개씩 합니다. 그렇게까지는 하지 않더라도 하루에 10분 정도라도 꼭 운동과 스트레칭을 해야 합니다.

나는 비가 오나 눈이 오나 바람이 부나 햇볕이 뜨거우나 상관치 않고 습관을 따라 매일 운동합니다. 아침에 일어나면 카페에 가서 책을 읽고 깨달음을 얻습니다. 그리고 집에 와서 책을 씁니다. 당신도 습관의 힘을 따라 성경 공부, 책 읽고 책 쓰기, 정시 기도와 무시 기도, 운동과 스트레칭, 산책과 저축 등을 꾸준히 하기 바랍니다.

습관이 인생을 만듭니다.

나는 습관을 따라 아내와 함께 매일 꾸준히 산책합니다. 아침에 눈을 뜨면 "성령님, 안녕하세요"라고 인사하고 종일 성령님과 동행합니다. 무엇이든 꾸준히 하는 사람을 이길 자가 없습니다.

몸 관리하는 것도 습관을 따라 해야 합니다. 자신의 몸에 대한 예의를 갖추지 않고 몸을 하찮게 생각하는 사람이 많습니다.

몸을 함부로 다루지 말아야 합니다. 당신의 몸은 거룩한 하나님의 성전입니다. 지금 가슴에 손을 얹고 이렇게 말해 보십시오.

"내 몸아, 정말 미안하다. 앞으로 잘할게."

덩실덩실 춤추며 모든 일을 하라

당신은 덩실덩실 춤추며 삽니까?

나는 매일 덩실덩실 춤추며 삽니다. 내 힘으로 춤추는 것이 아닙니다. 아침마다 그렇게 살게 해 달라고 성령님께 도움을 구합니다.

"성령님, 오늘도 덩실덩실 춤추며 살게 해주세요."

성령님이 당신 안에 생수의 강으로 넘치게 흐르고 있습니다. 그러므로 날마다 성령님과 함께 덩실덩실 춤추며 살기 바랍니다.

이런 말은 하지 마십시오. "나는 늙었다. 날마다 주름이 늘고 힘이 없고 두뇌는 멍청해지고 눈에서 총기가 사라지고 있다."

아닙니다. 예수님을 모신 당신은 늘 33세입니다.

나는 그런 믿음으로 살기 때문에 날이 갈수록 젊어지고 있습니다. 날이 갈수록 지혜와 총명이 더해지고 있습니다. 날이 갈수록 매력이 넘치고 있습니다. 날이 갈수록 부요해지고 있습니다.

바울은 고린도후서 13장 5절에 "예수 그리스도께서 너희 안에 계신 줄을 너희가 스스로 알지 못하느냐?"라고 했습니다.

예수 그리스도를 모신 사람은 행복과 기쁨, 활기가 넘칩니다.

다시 힘과 용기를 내십시오. 당신 안에 살아 계신 예수 그리스도에 대한 최고의 대우를 하십시오. 그분을 높이고 존중하십시오.

"예수님은 하나님의 아들이시다. 메시야다. 구원자다."

남편과 아내, 서로를 용서하라

당신의 가정은 천국 같이 행복합니까?

나의 가정은 성령님의 도우심으로 인해 날마다 행복합니다.

그 비결이 무엇일까요? 첫째로 여호와를 경외하는 배우자를 만나 결혼했기 때문이고 그 다음은 결혼한 순간부터 부모를 떠나 하나님 앞에서 성경적인 가정을 꾸려 왔기 때문입니다.

행복한 부부 생활을 꿈꾸라

사도 바울은 아내 없이 혼자였지만 사람을 창조하시고 결혼 제도를 만드신 성령님의 감동으로 "그리스도인의 부부 생활은 이러이러

해야 한다"고 에베소 교회에 편지를 썼습니다. 그는 아내들은 주님께 복종하듯이 자기 남편에게 복종해야 한다고 했습니다.

그리고 그리스도께서 교회를 사랑하시고 위하여 자기 몸을 내어주신 것처럼 남편도 그렇게 아내를 사랑해야 한다고 했습니다.

여자들은 결혼하면서 많은 것을 포기하고 조정합니다. 자기 생활의 많은 부분을 내려놓고 남편에게 맞춥니다. 하지만 남편들은 그렇게 하지 않는 경우가 많습니다. 그래서 바울은 말했습니다.

"남편들아, 자기 몸을 사랑하는 것처럼 아내를 사랑하라."

바울은 부부에게 어떻게 인생을 살아야 할지 알려줍니다.

"남자와 여자는 서로 존중하라. 그리고 그들이 함께 바라보아야 할 대상은 서로가 아닌 그리스도여야 한다. 한 마음 한 뜻으로 머리이신 예수 그리스도를 바라보라. 이것이 행복의 비결이다."

어느 날, 친구를 만나 대화하는 중에 그가 내게 물었습니다.

"너는 결혼해서 가정을 이루어 나가는데 있어 네가 꿈꾸는 모범상이 있니? 모범이 되는 그런 가정이 있니?"

그리고 자기에게는 그런 가정이 있다며 말을 이었습니다.

"내게는 우리 교회 부목사님이야. 그분이 내가 생각하는 가장 이상적인 모범 가정인 것 같아."

그 말을 들으면서 나 자신을 돌아보니 내게는 그런 모범이 될 만한 가정이 없는 것 같았습니다. 교회를 다니면서 많은 가정들을 지켜봤지만 정말 행복한 가정을 찾기란 쉽지 않았습니다. 나는 청년 시절에 연합회 활동도 많이 했기 때문에 여러 교역자들 가정과 장로님 가정을 직접 가서 볼 기회가 종종 있었습니다.

나는 예수님을 믿고 너무나 행복한데, 주위를 둘러보니 신앙생활을 하면서 행복하지 못한 결혼 생활을 하는 분들이 많았습니다.

그들 나름대로 열정적으로 신앙생활을 하면서 복음적인 삶을 산다고 하는데 막상 가정을 들여다보면 행복하지 않았습니다.

남편과 아내가 신앙 문제를 비롯한 많은 것들에 대해 의견이 일치하지 않고 서로 강하게 대립하는 것이었습니다. 그런 모습을 보면서 나는 배우자감에 대한 분명한 기준을 정하게 되었습니다.

그것은 외적인 것이 아닌 '여호와를 경외하는 중심'이었습니다.

그런 사람만이 내 배우자가 될 수 있다고 믿고 간절히 기도하기 시작했습니다. 그런 중에 나는 성령님의 인도하심을 따라 지금의 남편 김열방 목사님을 만나 결혼하게 되었습니다. 오직 여호와를 경외하는 사람을 만나게 해 달라는 기도가 응답된 것입니다.

결혼했으면 부모를 떠나라

남편은 삼형제 중에 둘째였습니다. 나는 '아들 셋을 믿음으로 잘 키워 낸 시댁은 어떨까? 많은 것을 배울 수 있을 거야'라는 생각으로 남편과 함께 시댁에 들어가 1년을 살았습니다. 지금 생각해보면 그 1년 동안 시어른이 많이 고생한 것 같습니다. 아무래도 며느리보다 시어른이 더 부지런히 움직이며 일해야 했기 때문입니다.

나는 무슨 배짱이 그리 좋은지, 내가 하기 싫은 것은 죽어도 못하는 성격이었습니다. 하고 싶은 것은 밤을 새워서라도 하는데, 하기 싫은 것은 손도 못 대는 성격이어서 내가 하지 못하는 것들을 시어머니께서 다 하셨습니다. 특히 빨래를 한 후에 다림질하는 것을 정말 힘들어했습니다. 시댁에서 나온 후에는 남편보고 직접 다려서 입으라고 했습니다. 간혹 가다가 한 번씩 다려 주곤 했는데, 이상하게도 그 일이 내게는 그렇게 힘들게 느껴졌습니다.

나는 결혼한 후에도 이상적인 가정상을 보고 배우려고 무던 애썼습니다. 그러나 결론은 "이 세상에서 이상적인 가정을 찾을 수 없다. 이것 또한 내 기준일 뿐이구나"라는 것을 깨달았습니다.

하나님이 원하시는 이상적인 가정상은 어디에 있을까요?

성경에 있고 그것은 인간의 기준이 아닌 하나님의 기준입니다.

창세기에 보면, 하나님이 천지 만물을 다 이루신 다음 그분의 형상을 따라 사람을 만드신 장면이 나옵니다. 그 후에 남자 혼자 있는 것이 너무나도 쓸쓸해 보였습니다.

"아담이 모든 가축과 공중의 새와 들의 모든 짐승에게 이름을 주니라 아담이 돕는 배필이 없으므로 여호와 하나님이 아담을 깊이 잠들게 하시니 잠들매 그가 그 갈빗대 하나를 취하고 살로 대신 채우시고 여호와 하나님이 아담에게서 취하신 그 갈빗대로 여자를 만드시고 그를 아담에게로 이끌어 오시니……"(창 2:20~22)

하나님이 여자를 만드셔서 아담에게로 이끌어 오신 것입니다.

우리는 배필을 만날 때 내가 찾고 찾아 좋은 사람을 만날 거라고 생각합니다. 그러면 내 기준과 능력에서 벗어날 수 없습니다.

그러나 하나님이 이끌어 주신다면, 내 기준과 능력이 아닌 하나님의 기준과 능력으로 좋은 배필을 만나게 해주실 것입니다.

당신이 하려고 하지 말고 하나님께 기도하고 맡기십시오.

그리고 하나님이 당신에게 어떤 배필을 만나게 해주실지 설레는 마음으로 기대하십시오. 결혼은 한 사람의 인생에 있어 아주 큰 문제인데 왜 자비하신 하나님이 돕지 않겠습니까? 기도하십시오.

하나님이 이끌어 오신 여자를 보고 아담이 말했습니다.

"이는 내 뼈 중의 뼈요 살 중의 살이라. 이것을 남자에게서 취하였은즉 여자라 부르리라."(창 2:23)

그리고 하나님이 주례사를 선포하셨습니다.

"이러므로 남자가 부모를 떠나 그의 아내와 합하여 둘이 한 몸을 이룰지로다."(창 2:24)

아담은 이 여인이 정말 내 뼈 중의 뼈요 살 중의 살이구나 하는 것을 알았습니다. 자기 살 중에서 나왔기 때문에 진정한 자기의 뼈요 살이라고 한 것입니다. 그는 자기와 동등하게 하와를 존중하고 사랑하고 아끼며 소중한 마음으로 품었습니다.

그리고 성경에는 "남자가 부모를 떠났다"고 했습니다. 결혼하는 순간 남자의 마음에서 완전히 떠나보내야 할 대상이 바로 부모입니다. 성경은 "결혼했으면 부모를 떠나라"고 명령했습니다.

많은 남자들이 결혼한 후에도 부모를 떠나지 못해 가정이 불화하고 그로 인해 평안과 행복이 없습니다. 꼭 남편만 두고 한 말씀이 아닙니다. 아내도 마찬가지입니다. 남편과 아내 모두 부모를 떠나야 합니다. 육체적으로만 떠나면 될까요? 멀리 이사만 하면 다 해결될까요? 아니면 해외로 날아가면 될까요? 그렇지 않습니다.

이 말씀은 남자가 부모로부터 영적, 정신적, 물질적으로 완전히 독립해야 한다는 말입니다. 남자는 결혼한 순간부터 부모가 아닌 하나님만 전적으로 의지하며 독립적인 가정을 꾸려야 합니다.

결혼하는 순간 독립적인 한 가정이 이루어진 것입니다.

문제가 생기면 부딪히고 해결하라

그리고 하나님은 그 가정의 지도자로 남편을 세우셨습니다.

가정의 지도자는 무엇일까요? 가정을 이끌고 보호하고 지켜야 하는 존재입니다. 남편이 그 가정에 울타리를 둘러치고 방패막이 되어야 합니다. 아내가 사람들에게 비난받고 손가락질 당할 때 누가 방패막이 되어 줄 수 있겠습니까? 아이들이? 부모님이? 친구들이? 모두 아닙니다. 남편이 방패막이 되어야 합니다.

만약 자녀에게 일이 생겼다면 누가 방패막이 되어 주어야 합니까? 엄마가 될 수도 있지만 실질적인 방패는 아빠가 되어야 합니다.

아빠는 그 문제를 해결하기 위해 성령님을 의지해야 합니다.

아빠는 어려움을 겪는 자녀를 정죄하거나 비난하지 말고 용서하고 위로하고 격려하고 보호해 주어야 합니다. 예수님의 '탕자 이야기'에서 둘째 아들이 돌아왔을 때 아버지가 그랬습니다. "이에 일어나서 아버지께로 돌아가니라. 아직도 거리가 먼데 아버지가 그를 보고 측은히 여겨 달려가 목을 안고 입을 맞추니라."(눅 15:20)

하나님은 여자와 남자가 결혼해서 가정을 이루는 순간, 남편을 지도자로 세우셨습니다. 지도자는 자리를 지켜야 합니다. 지도자가 가정을 이끌어 가는데 있어 조금 힘들다고 피하거나, 투덜거리며 투정하거나, 당장 달려가서 자기 엄마 아빠한테 이른다거나, 하루에 열두 번도 더 자기 형제와 전화하며 의논한다면 어떻게 그런 남편을 아내와 자녀들이 신뢰하고 따를 수 있겠습니까?

남자는 결혼하는 순간 "하나님이 나를 이 가정의 지도자로 세우셨어. 내가 모든 것을 책임지고 해결해 나가겠어"라고 결심해야 합니다. 하나님께서 그럴 능력과 지혜가 있다고 여기셔서 아내를 이끌어 주시고 결혼하게 하신 것입니다. 그러므로 할 수 있다는 마음으로 담대히 가정을 이끌어 나가야 합니다.

한국의 정서상 어머니들이 자식을 마음에서 못 놓아주는 경우가 많습니다. 한국만 아닙니다. 유대인들도 그랬고 세상의 모든 어머니들이 자식에 대한 집착심이 강합니다. 마음에서 자식들을 다 놓아주어야 합니다. 부모님들은 결혼하는 순간 자녀를 독립시키고 또 자녀는 부모님에 대해 스스로 독립해야 합니다. 그것이 서로를 인간적으로 얽매이지 않게 하는 성경적인 방법입니다.

하나님은 분명히 "남자가 그 부모를 떠나 아내와 연합하라"고 하셨습니다. 우리는 하나님이 말씀하신 것을 꼭 기억하고 순종해야 합니다. 그럴 때 진정으로 행복한 가정을 꾸려 나갈 수 있습니다.

아내를 위하여 자신을 희생하라

남편은 아내를 사랑할 때, 그리스도께서 교회를 위해 몸을 내어 주신 것처럼 사랑해야 합니다. 그리스도께서 교회를 위해 어떻게 하셨습니까? 교회를 사랑하셔서 자기 몸까지 내어 주셨습니다.

에베소서 5장 25절에는 "남편들아, 아내 사랑하기를 그리스도께서 교회를 사랑하시고 위하여 자신을 주심 같이 하라"고 했습니다.

예수님은 하나님 자신이셨습니다. 그 무엇도 부족함이 없는 분이었지만 이 땅에 내려오셔서 죄인이 받는 고통을 대신 다 겪으셨습니다. 그분은 죄가 없기 때문에 그런 수난을 겪어야 할 이유가 하나도 없었습니다. 그러나 예수님은 신랑으로 신부된 우리를 그분의 품에 취하기 위해 하늘 보좌를 버려두시고 이 땅에 오신 것입니다.

예수님은 십자가에 달려 나를 위해 단순히 죽기만 하신 것이 아닙니다. 그분은 겟세마네 동산에서 기도하실 때 땀방울이 핏방울이 될 정도로 심한 통곡과 눈물로 간구와 소원을 아뢰셨습니다.

그 정도로 처참한 고통, 곧 인간으로서 당해야 하는 가장 극한 슬픔과 아픔을 다 당하셨습니다. "예수께서 힘쓰고 애써 더욱 간절히 기도하시니 땀이 땅에 떨어지는 핏방울 같이 되더라."(눅 22:44)

그리고 예수님은 우리를 위해 양손과 양발에 못이 박히시고 머리에 가시 면류관을 쓰시고 주먹으로 얼굴을 얻어맞으시고 온몸을 채찍으로 맞으시고 마지막에 옆구리에 창으로 푹 찔려 피와 물을 아낌없이 쏟으셨습니다. 자신의 생명을 우리를 위해 주셨습니다.

예수님은 죄와 허물로 인해 버림당하고 비참하게 죽었던 우리를 구원하고 그분의 신부로 삼기 위해 그렇게 죽어 주셨던 것입니다. 그분은 마음을 다하고 목숨을 다하고 힘을 다하고 뜻을 다해 우리를 사랑하셨습니다. 이와 같이 남편은 아내를 사랑해야 합니다.

화성 남자와 금성 여자가 만났다

왜 남편과 아내가 자꾸 부딪히고 싸움이 일어날까요?

아내와 남편의 사고방식이 다르기 때문입니다. 그래서 '화성에서 온 남자, 금성에서 온 여자'라는 말까지 쓰고 있습니다. 그 정도로 남자와 여자는 사고방식이 완전히 다르다는 것입니다.

부부가 대화할 때 충돌이 일어나는 이유는 표현 방식이 다르기 때문입니다. 여자들은 이야기하고 싶어서 어떤 일의 과정을 줄줄이 늘어놓습니다. "내가 지금 이런 상황이야. 나를 좀 이해해 줘."

그러면 남자는 얼굴이 굳어지면서 무뚝뚝하게 대답합니다.

"아니, 내가 뭘 제대로 못해 줬다는 거야. 도대체 날 보고 어떻게 하라는 거야. 당신이 원하는 것을 한 마디로 말해 줘."

여자는 넋두리 식으로 상황 자체를 이야기하고 있는데, 남자는 그러한 내용을 받아들이기 어려워하고 자기에게 불만을 털어놓는 줄로 오해하는 것입니다. 그리고 "이렇게 하면 되겠네" 하며 결론부터 내려놓고 여자가 말하는 것을 단칼로 잘라 버립니다.

여기에서 서로 부딪히게 되는 것입니다.

그렇다면 부딪히지 않는 방법은 무엇일까요? 여자의 독특한 속성을 이해하려고 노력해야 합니다. 하나님께서 여자에게는 말하는 도중에 문제를 스스로 해결해 나가도록 만드셨기 때문입니다.

그리고 아내는 남편의 마음이 상하지 않도록 최대한 배려하면서 이야기해야 합니다. 감정도 좀 가라앉히고 표현도 적절히 자제해야 합니다. 따발총 쏘듯이 계속 퍼부으면 남편이 힘들어합니다.

남편도 아내의 말을 들으면서 '아, 내게 뭘 요구하거나 잘잘못을 따지려는 것이 아니구나. 뭔가 속상한 일이 있구나. 일단 맞장구를 치며 끝까지 잘 들어주자'라고 생각해야 합니다.

아내는 남편에게 한 마디 결론을 요구하는 것이 아닙니다.

'아내가 내게 사건의 결론을 요구하는 것이 아니라 사건 자체를 저런 식으로 이야기하는구나. 내가 끝까지 잘 들어줘야지.'

그런 태도를 취하면 싸움의 절반 이상을 간단하게 해결할 수 있습니다. 남자는 여자의 이야기를 들어주기만 하면 됩니다.

"맞아. 그렇지. 그렇고말고. 아, 그런 일이 있었구나."

그렇게만 해줘도 너무 좋습니다. 여자는 기본적으로 남자의 이야기를 들어주려는 자세가 되어 있습니다. 왜일까요? 여자는 남자와 이야기를 많이 하고 싶어 하기 때문입니다.

남자는 어떻게 하면 아내의 말을 잘 들어줄 수 있을지에 대해 머리를 굴려야 하는 한편, 여자는 그러지 않아도 저절로 됩니다.

어떤 남자는 여자의 입을 막으려고 목소리를 높입니다. 미련한 짓입니다. 그렇게 하지 말고 서로 존중해야 합니다.

남편은 아내의 말을 끝까지 잘 들어주고, 아내도 자기감정만 쏟아 놓지 말고 남편이 자기 이야기에 참여할 수 있도록 지혜롭게 표현해야 합니다. 조금만 마음의 여유를 갖고 조심스럽게 말을 꺼낸다면 마찰이 적을 것입니다. 그러면 서로 풍성한 대화를 통한 친밀한 교제를 나눌 수 있게 됩니다.

혀를 금하여 악한 말을 그치라

베드로는 바울과 달리 결혼한 사도입니다. 아내와 함께 다니며 복음을 전했던 베드로는 자기 아내에게도 바라는 것이 많았을 것입니다. 어쨌든 그는 성령의 감동을 따라 "모든 아내들은 이렇게 했으면 좋겠다. 그러면 하나님의 자녀와 그리스도의 신부로서 아름다운 모습이 되겠다"고 성경을 기록했습니다. 그는 남편을 전도하는 지혜에 대해 이렇게 말했습니다. "아내들아, 이와 같이 자기 남편에게 순종하라. 이는 혹 말씀을 순종하지 않는 자라도 말로 말미암지 않고 그 아내의 행실로 말미암아 구원을 받게 하려 함이니 너희의 두려워하며 정결한 행실을 봄이라."(벧전 3:1~2)

여기서 "말씀을 순종치 않는 사람"은 곧 '예수 믿지 않는 자'를 가리킵니다. 그럴지라도 아내의 말로 말미암지 않고 경건하고 순결한 행실을 보고 그로 말미암아 구원을 얻게 한다고 했습니다.

아내는 말로만 남편을 전도하려고 하지 말고, 자신의 경건하고 순결한 행실을 남편이 본다는 사실을 기억해야 합니다. 아내의 그런 행실로 말미암아 남편이 구원을 얻게 됩니다. 남편이 말합니다.

"당신이 믿는 예수님이라면 나도 믿고 싶다."

많은 그리스도인들이 말과 행실이 다릅니다. 교회 안에서는 신앙생활을 뜨겁게 하면서 마음 한쪽에서는 남편을 비방합니다.

'교회에 다니지 않는 우리 남편은 마귀 새끼야.'

그러면 어떻게 집으로 돌아가 남편을 존중하는 마음으로 대할 수 있겠습니까? 많은 여인들이 남편 탓을 합니다.

"남편 때문에 우리 집안이 안 된다."

그렇게 남편을 정죄하고 무시하고 누르면 어떻게 화목한 가정을 이룰 수 있겠습니까? 먼저 교회를 다니는 아내는 남편을 믿음과 소망과 사랑의 눈으로 따뜻하게 바라보아야 합니다. 남편의 구원을 위해 기도하고 구했으면 받은 줄로 믿고 기다려야 합니다.

남편을 이해하고 용납하고 오래 참아야 합니다.

"인내를 온전히 이루라, 이는 너희로 온전하고 구비하여 조금도 부족함이 없게 하려 함이라"(약 1:4)고 했습니다. 남편의 구원을 위해 오랜 세월 기도해 놓고도 인내를 온전히 이루지 못하고 남편을 향해 온갖 저주를 퍼붓는 어리석은 여인도 있습니다.

그런 사람에게 베드로는 "생명을 사랑하고 좋은 날 보기를 원하는 자는 혀를 금하여 악한 말을 그치라"(벧전 3:10)고 했습니다.

당신은 생명을 사랑합니까? 좋은 날 보기를 원합니까? 그러면 혀를 금하여 악한 말을 그치십시오. 남편을 대할 때 '티 마인드'가 아닌 '들보 마인드'로 대하십시오. 항상 자신을 돌아보십시오.

율법주의 마인드를 버리라

사실 율법적인 신앙생활을 하는 아내 때문에 집안이 복을 못 받는 경우가 더 많습니다. 남편이나 아내 중 한 쪽이 율법적인 신앙생활을 하고 있으면 상대방을 정죄하고 책망하게 되고 원망이 끊이지 않습니다. "나는 신앙생활을 열심히 하는데, 당신이 제대로 안 해서 우리 집안이 이렇게 힘든 거야. 아이고, 내 팔자야."

"나는 새벽 기도회에 꼬박꼬박 가는데 당신은 왜 잠만 자?"

"나는 일천 번제, 철야기도, 금식 기도를 하는데 당신은 뭐야? 당신도 나처럼 하나님께 금식 철야하며 울부짖어 봐."

"나는 골방에 엎드려 하루에 일곱 시간씩 기도하는데 당신은 매일 바쁘게 돌아다니기만 하니 어떻게 우리 집안에 복이 임하겠어. 당신도 내 옆에서 무릎 꿇고 앉아 기도 시간을 좀 채워 봐. 그러면 복이 임할 거야. 나 혼자 쪼그리고 앉아 있으려니 화가 나."

이런 생각은 전부 잘못된 율법주의 기준입니다.

기도는 율법주의 마인드로 하나님과 사람 앞에 내 행위의 의를 내세우기 위해 하는 것이 아닙니다. 내 배에서 생수의 강이 흘러넘치기 때문에 행복한 마음으로 해야 합니다. 나는 하루에 1시간이든 10시간이든 생수의 강을 따라 행복한 마음으로 기도합니다.

복음 안에서, 믿음 안에서, 은혜 안에서 하나가 되어야 행복한 가정이 됩니다. 율법주의 마인드를 다 버리십시오.

율법주의는 영적인 간음이다

행복한 가정이 되는데 있어 꼭 필요한 것은 무엇일까요?

그것은 곧 부부가 함께 하나님을 바라보고 사랑하는 것입니다.

나를 신부로 삼으신 하나님 외에 다른 것을 더 크게 여기면 그분이 매우 슬퍼하십니다. 이것은 다른 어떤 죄보다 큰 죄입니다.

성경에는 작은 죄가 있고 큰 죄가 있습니다.

큰 죄는 좋은 관계를 한순간에 망칩니다. 큰 죄가 무엇일까요?

우상숭배입니다. 이스라엘 백성들이 광야에서 금송아지를 만들어 절했을 때 모세는 큰 죄를 지었다고 했습니다. "모세가 여호와께로 다시 나아가 여짜오되 슬프도소이다. 이 백성이 자기들을 위하여 금 신을 만들었사오니 '큰 죄'를 범하였나이다."(출 32:31)

우상 숭배는 하나님이 가증히 여기시므로 작은 모양이라도 버려야 합니다. 가증하다는 말은 '괘씸하고 얄밉다'는 뜻입니다. "너희는 내가 너희 앞에서 쫓아내는 족속의 풍속을 따르지 말라. 그들이 이 모든 일을 행하므로 내가 그들을 가증히 여기노라."(레 20:23)

며칠 전에 남편과 함께 산책하다가 잠실의 석촌호수에서 벚꽃 축제하는 것을 보러 갔습니다. 롯데월드타워 부근의 공터에 부적을 붙인 큰 풍선을 만들어 놓고 다들 좋다고 그 앞에서 사진을 찍고 있었습니다. 하나님이 아주 기분 나빠하실 행동인데 그걸 모르고 주최 측에서 이벤트로 만든 것입니다. 그것은 가증한 일입니다.

사람들이 쉽게 따르는 것은 대중입니다. 대중이 하면 좋다고 여기며 쉽게 받아들이고 아무 생각 없이 따라 합니다. 복음을 믿는 하나님의 자녀의 삶에도 동일한 현상이 나타나고 있습니다.

'예수님이 십자가에서 다 이룬 복음'을 믿지 않고 많은 사람들이 율법주의 행위를 더해야 된다고 잘못 알고 있습니다. 이런 율법주의는 영적인 간음이며 하나님과 원수 되게 하는 것입니다. "내가 여러 번 너희에게 말하였거니와 이제도 눈물을 흘리며 말하노니 여러 사람들이 그리스도의 십자가의 원수로 행하느니라."(빌 3:18)

천주교에서는 성인과 성화와 성물을 숭배하고 제사까지 허락합니다. 처음에는 예수 그리스도를 온전히 믿다가 점점 더 많은 나라와 민족을 흡수하고 그들로 하여금 복음을 믿게 하려고 여러 가지 형상을 만들고 성화와 성물을 숭배하게 한 것입니다.

"이걸 봐라. 이것이 예수 그리스도를 십자가에 못 박은 나무와 못이다. 이것을 보고 너희들이 예수를 믿어라."

나중에는 면죄부까지 만들어 팔았습니다. 그것이 아니라며 강하게 들고 일어난 사람이 루터와 칼뱅이었고 그들은 말했습니다.

"하나님을 만나고 구원을 얻는 것은 성물이나 면죄부 등 눈에 보이는 것을 통해서가 아닌 오직 예수 그리스도 복음을 믿음으로만 가능하다. 순수한 성경 말씀으로 돌아가야 한다. 예수 그리스도를 통해서만 하나님께 나아갈 수 있고 죄를 사함 받을 수 있다."

다시 복음으로 돌아가라

다시 복음으로 돌아갔습니다. 그런데 또 많은 세월이 흐르면서 대단하다는 지도자들이 나와 엉뚱한 거짓 가르침을 했습니다.

"아니다. 우리가 하나님을 단순하게 믿는 것도 중요하지만 그분께 더 가까이 나아가기 위해서는 영성을 추구해야 한다. 고행과 수도, 선행 등의 더 많은 행위를 보태야 한다. 더 깊은 세계에 들어가고 더 높은 수준에 올라가기 위해서는 인간의 행위를 쌓아야 한다. 교회에서도 믿기만 한다고 되는 것이 아니라 많은 율법 행위를 통해 그 공덕을 쌓은 만큼 하나님께 복을 받아 누리게 된다."

아닙니다. 신앙생활은 믿음으로 시작해서 믿음으로 끝나는 것입니다. 내 땀과 피와 눈물을 통한 내 행위를 믿는 것이 아니라 예수의 땀과 피와 눈물을 통한 하나님의 행위를 믿는 것입니다.

모든 육체의 행위를 내려놓고 하나님의 은혜를 붙드십시오.

부부가 서로 자기 의를 내세우면 행복한 가정이 될 수 없습니다.

오직 예수님의 은혜를 전적으로 인정하고 의지하면 서로 존중할 수 있고 그러면 저절로 행복한 가정이 될 수 있습니다.

친구와 지인을 모두 용서하라

당신은 어릴 때 어려움을 겪은 적이 없습니까?

나는 초등학교 시절, 여러모로 어려움이 굉장히 많았습니다.

다른 학생들은 말을 또박또박 잘했지만 나는 아니었습니다. 말이 어눌하고 집중도 못했습니다. 모든 면에 부족했습니다. 이렇게 부족한 내 인생이 하나님을 만났고 그분의 은혜로 완전히 바뀌었습니다. 잔이 넘치는 인생이 된 것입니다. 다윗은 말했습니다. "주께서 기름을 내 머리에 부으셨으니 내 잔이 넘치나이다."(시 23:5)

내 인생에 과연 어떤 일이 일어났을까요?

민혁이는 부족함이 너무 커요

담임 선생님은 그런 나의 부족함을 보고 어머니를 학교에 불러 안타까운 마음으로 이렇게 말씀하셨습니다.

"민혁이는 다른 학생들과 달리 부족함이 너무 커요. 그러니 한동안 학교에 오지 않고 집에서 지내면서 부모님의 지도하에 어느 정도 성장하면 그때 다시 학교에 오게 하는 것이 좋겠어요."

그렇게 했지만 내 모습은 좀처럼 나아지지 않았고 담임 선생님은 다시 어머니에게 말씀하셨습니다. "구청에 가서 모든 검사를 받아 보고 장애인 신청을 하세요. 그에 맞는 교육 과정을 받는 게 좋겠습니다. 나중에 사회에 나가서도 그에 맞는 일자리를 구해야 합니다."

어머니는 즉시 구청에 가서 나를 장애인으로 등록했습니다.

그때 나는 '지적 장애 3급'을 받았습니다. 그 후로 나는 학교에 가면 때로는 반 학생들과 같이 수업을 받고 어떤 경우는 특수반으로 가서 몸과 정신이 불편한 학생들과 같이 수업을 받곤 했습니다.

나는 그저 그런 상황을 당연한 것으로 받아들여야 했습니다.

특수반에서 몸이 많이 불편한 친구들과 재미있게 수업을 받았고 단체로 산악 등반도 갔고 스케이트도 탔습니다.

내가 착한 부분이 있어 애들을 도와주기도 했습니다. 그러다가 우리 집이 먼 곳으로 이사하게 되었고 나는 새로운 학교로 전학 가야 했습니다. 거기서 나는 새로운 친구들을 사귀었습니다.

하지만 나의 부족한 정신과 모자란 성격은 그대로였습니다.

그 때문에 나를 외면하는 친구들이 많았습니다.

거기서도 나는 특수반에 들어가야 했는데 그 반에는 몸도 정신도 멀쩡한 학생이 별로 없었습니다. 그 반 학생들도 그렇고 같은 학급의 학생들은 내가 어떤 학생인지 파악하고는 나를 싫어했습니다.

나를 정상으로 보는 이들도 많았지만 장애인 시선으로 바라보는 학생들이 더 많았습니다. 그렇게 나는 쭉 6학년까지 갔습니다.

이렇게 초등학교 시절 6년 동안 부족하기만 했던 내가 목자이신 하나님을 만난 이후로 지금은 완전히 달라졌습니다. 시편 23편에 나오는 다윗의 고백처럼 내게는 조금도 부족함이 없습니다.

"여호와는 나의 목자시니 내게 부족함이 없으리로다."(시 23:1)

다윗은 이새의 여덟째 막내아들로 부족한 것이 많았습니다.

아버지와 형들도 그를 인정하지 않고 따돌릴 정도였습니다. 그는 혼자 양떼를 치며 모든 면에 부족함을 뼈저리게 느껴야 했습니다.

그런 그가 목자이신 하나님을 만났고 그분을 인격적으로 사귀기 시작한 것입니다. 다윗은 "목자이신 하나님이 나를 인도하고 계신다"고 믿고 조금도 의심하지 않았습니다. "그가 나를 푸른 풀밭에 누이시며 쉴 만한 물 가로 인도하시는도다. 내 영혼을 소생시키시고 자기 이름을 위하여 의의 길로 인도하시는도다."(시 23:2~3)

지금 돌아보면 어릴 때부터 하나님은 사랑하고 선택하셨고 내 인생의 목자가 되어 한걸음씩 나를 인도하고 계셨습니다.

하나님이 당신의 목자가 되신다는 사실을 믿기 바랍니다.

하나님이 목자가 되시면 부족함이 조금도 없습니다.

하나님이 지금도 당신을 인도하고 계십니다.

민혁아, 나는 네가 자랑스럽다

당신은 칭찬과 격려를 해주는 가족이 있습니까?

내게는 그런 사람이 한 명 있는데 나의 친누나입니다.

나의 초등학교 시절은, 내 특수반 신분과 부족한 성격으로 인해 나를 외면한 친구들이 절반 이상이 되었고 좋은 친구 하나 제대로 만나지 못한 채 졸업해야 했습니다. 중학교를 선택하기 전에 나는 누나가 들어간 학교를 가기로 했습니다. 누나가 말했습니다.

"민혁아, 너 누나가 다닌 학교를 선택하고 가. 그러면 누나 후배들한테 보호 받을 수 있어."

나는 고맙게 생각하고 누나가 들어간 학교로 들어갔습니다.

그러나 내게 또 장애인증이 따라왔고 특수반 선생님이 오셔서 나를 특수반으로 데려가셨습니다. 거기서 나는 불편한 학생들을 많이 보았습니다. 특수반 선생님은 나를 잘 대해 주셨습니다.

나는 반 학생들과 어울리는 것에 욕심이 생겨 특수반 선생님께 말씀드리고 같은 반 학생들과 같이 수업을 받기로 했습니다. 재미있게 수업도 받았는데, 이때는 초등학교 때와 다르게 그나마 수업에 집중했지만 성적은 꼴등이었습니다. 나의 부족한 성격 때문에 학생들은 대부분 나를 외면했는데, 내 곁에 있어 준 친구들도 있었습니다. 하지만 그 친구들도 그렇게 속이 좋진 않았습니다.

진심으로 내가 좋아 마음으로 같이 있어 준 애들도 있었지만 나를 이용하려는 목적으로 있었던 애들이 훨씬 더 많았습니다. 결국 나는 좋은 친구 한 명 제대로 만나지 못하고 또 외면 받았습니다.

그 후에 나는 중학교를 졸업하고 고등학교에 들어갔습니다.

지금은 하나님의 능력으로 완전히 달라졌지만 그때는 내 형편이 특수반 학생이고 장애인 신분이 계속 따라오는 상태였습니다.

게다가 인성도 부족하고 정신력도 약하고 지능도 낮고 판단력도 흐렸습니다. 특수반 선생님은 그런 내가 실업고로 가야 희망이 있다고 판단하셨습니다. 그래서 나를 유명한 실업고에 지원하게 해주셨고 쉽게 합격해서 들어갔습니다.

나의 상황을 알만한 학생들은 내 합격 소식을 듣고 믿기 힘들다는 표정을 지었습니다. 그 학교는 유명했지만 진짜 열심히 공부하는 학생들은 40퍼센트 정도였고 그 외의 학생들은 공부를 제대로 하지 않았습니다. 나는 만드는 것을 좋아하고 조립하는 것에 흥미를 느꼈기 때문에 로봇과에 들어갔습니다.

거기서 새로운 친구들을 만났는데 초면에는 가까워지기 쉬웠습니다. 나는 쉽게 친해지고 말도 잘 섞었습니다. 하지만 등록된 장애인 신분 때문에 특수반 선생님이 오셔서 나를 호출하고 특수반으로 데려갔습니다. 반 친구들은 내가 몸은 정상이니 좋게 보았습니다.

그래도 수업 시간은 만만치 않았습니다. 다른 아이들이 웬만해선 다 알고 있는 단어를 나는 아무렇지 않게 선생님께 "이게 뭐예요? 그게 뭐예요?"라고 자꾸 질문했기 때문입니다. 학생들은 깜짝 놀라며 당황했고 나를 점점 이상한 눈으로 보기 시작했습니다.

하루는 점심시간에 내가 복도에서 멍 때리며 시간을 보내고 있었는데, 교실 안에서 학생들이 서로 대화하는 말이 들렸습니다.

나는 무의식적으로 아무 생각 없이 듣고 있었는데 문득 한 학생이 한 말이 내 귀에 들어오고 말았습니다.

"민혁이는 장애인이야."

나는 기분이 몹시 안 좋았습니다. 순간 폭력을 행사하고 싶었지만 꾹 참았습니다. 내가 혼자고 친구도 없고 몸집도 작고 판단력도 부족하고 너무 약자라 생각하니 결국 할 말을 못하고 그대로 상처만 받고 끝났습니다. 나는 그들이 하는 손가락질과 욕설과 부정적인 시선을 끝까지 이겨냈습니다. 이렇게 나는 어릴 때 부족한 환경과 장애인 신분과 정신적인 미약함으로 인해 초등학교부터 고등학교 때까지의 모든 삶이 불행이었고 지옥 같았습니다.

그런데 고등학교를 졸업하고 나서 누나가 내게 칭찬했습니다.

"누나는 민혁이 네가 그런 애들과 어울리지 않고 학교생활을 잘해내고 또 모든 불행을 이겨낸 것이 자랑스러워."

예수님 때문에 내 인생이 바뀌었다

지금의 나는 완전히 바뀌었습니다. 어떻게 바뀌었을까요?

나는 현재 내 생각이 깊고 정신도 멀쩡하고 판단력도 좋고 건강한 신앙과 온전한 복음을 야무지고 세밀하게 갖추고 있는 그리스도인입니다. 나는 어떤 부자나 권력자도 부럽지 않습니다. 왜냐하면 내가 건강한 정신에 건강한 생각과 건강한 신앙인이 되었기 때문입니다. 나는 이제 생각이 깊고 깨달음도 많고 판단력도 좋습니다.

주위 사람들이 도움을 구하면 조언도 잘해 줍니다. 한편으로는 후배에게 교훈을 주는 형으로, 또 다른 사람을 가르치는 강사와 코치로도 활동하고 있습니다. 사람이 어떻게 해야 행복하게 살 수 있는지도 알고 있습니다. 하나님의 말씀도 잘 깨닫고 정리합니다.

지금의 나는 내 모든 것을 생각해볼 때 너무나 행복합니다.

나는 성공한 사람입니다. 왜일까요? 내 마음을 컨트롤할 줄 아니 마음이 성공했고 예수 그리스도 복음을 갖고 있어 내 영혼이 행복하기 때문입니다. 나는 더 이상 부족한 사람이 아닙니다.

하나님이 나의 목자가 되시므로 내 잔이 넘칩니다.

내가 사망의 음침한 골짜기를 다니는 동안 주님께서 나와 함께하셨고 내가 해를 입지 않도록 머리털 하나까지 지켜 주셨습니다.

과거에는 상처가 상당했지만 지금은 날마다 놀랍도록 성장을 거듭하고 있습니다. 하나님의 은혜로 내 마음이 많이 강해졌습니다.

어제의 내가 아닙니다. 존귀한 사람이 되었습니다. 하나님의 마음에 합한 사람이라 불린 다윗의 고백이 나의 고백이 되었습니다.

"내가 사망의 음침한 골짜기로 다닐지라도 해를 두려워하지 않을 것은 주께서 나와 함께 하심이라. 주의 지팡이와 막대기가 나를 안위하시나이다. 주께서 내 원수의 목전에서 내게 상을 차려 주시고 기름을 내 머리에 부으셨으니 내 잔이 넘치나이다. 내 평생에 선하심과 인자하심이 반드시 나를 따르리니 내가 여호와의 집에 영원히 살리로다."(시 23:4~6)

당신도 지금 사망의 음침한 골짜기로 다니고 있지 않습니까?

해를 두려워하지 마십시오. 주님께서 함께 하십니다.

주의 지팡이와 막대기로 당신을 보살펴 주십니다.

나는 아름답고 빛나는 존재가 되었다

당신은 언제 하나님을 만났습니까?

내가 전도 받고 하나님을 만나게 된 이야기를 하려고 합니다.

한번뿐인 인생에서 가장 큰 만남의 축복은 무엇일까요? '하나님과의 만남'입니다. 하나님을 만나면 그분의 영광이 임하게 됩니다.

영광은 '아름답고 빛난다'는 뜻입니다. 하나님을 만나므로 그분의 영광이 임한 사람은 '아름답고 빛나는 존재'로 바뀝니다. 내가 그랬고 이 책을 읽고 있는 당신도 반드시 그렇게 될 것입니다.

나는 어릴 때 가족들과 함께 고향에 간 적이 있습니다.

그곳은 할머니가 계신 집입니다. 나는 거기서 가족들과 함께 행복한 시간을 가졌습니다. 그리고 잠시 소파에 앉아 있었는데 큰 이모가 오셔서 내 옆에 앉아 이런 말씀을 해주셨습니다.

"민혁아, 예수님이 너의 모든 죄를 지고 십자가에 못 박혀 죽으셨어. 너의 죄가 예수님 안에서 다 끝났어. 예수님을 믿어라."

어린 나이니 이모가 신에 대한 말씀을 하셔도 나는 전혀 알아듣지 못했고 그것이 전도인지도 몰랐습니다. 그 다음은 내가 이사하고 나서 아파트에 살았는데 밖의 주차장 주변 들판 마루에 밤에 혼자 앉아 있을 때, 어떤 남자 한 사람이 내게 다가와 내 옆에 앉았습니다. 그리고 예수님에 관한 말씀을 많이 해주셨습니다.

나는 "네 네"라고 반응하고 교회 안내지만 받고 상황은 종료되었습니다. 그리고 초등학교 방학 때 지방의 친척 집에 한 달간 놀러 간 적이 있는데 그곳에서 아기들과 즐거운 시간을 보냈습니다.

그때 내가 설거지도 하고 걸레질도 할 줄 아니까 보답하고자 설거지를 했습니다. 그리고 이를 본 친척은 나를 기특하게 여기고 복을 받게 해주려고 주말에 교회로 데려가 전도사님을 만나게 해주셨습니다. 그 전도사님은 남자였고 상당히 친절했습니다.

나는 그분의 지도하에 똑같이 따라 하며 영접 기도를 했습니다.

전도사님은 축하한다며 좋은 말씀들을 많이 해주셨습니다.

그때까지도 나는 그런 영접의 과정이 무엇인지 몰랐습니다. 내 정신도 통제하지 못하고 기본적인 개념도 탑재가 안 된 상태에서 아무 생각 없이 기도문을 따라 한들 무슨 소용이 있었겠습니까?

나는 세 번의 전도를 받았지만 전부 수포로 돌아갔습니다.

악한 마귀는 여전히 나를 통제했고 결국 나는 하나님의 은혜를 깨닫지 못한 채 그대로 살아갔습니다. 내 인생은 밋밋했습니다.

그 후로 7년이 지난 21세에 나는 "대한민국에서 돈만 있으면 안 되는 것이 없다"는 사람의 말에 혹해 이전에 가졌던 경찰의 꿈을 한순간에 내려놓고 '부자의 꿈'을 이루기 위해 박차를 가했습니다.

'어떻게 하면 부자가 될 수 있을까?'

부에 대한 책을 도서관에서 찾아 대여해서 읽어보고 인터넷 쇼핑창에 검색해서 낱낱이 찾아봤습니다. 그 중에서 눈에 확 들어온 책이 한 권 있었는데 그 책을 선택해서 바로 주문했습니다. 책이 집에 도착하자마자 포장지를 뜯고 열심히 읽기 시작했습니다.

나는 그 책에서 말한 대로 용기를 내어 그 책의 작가님에게 연락했습니다. 그리고 즉시 일정을 잡고 특강을 들었습니다. 그곳에 가니 사람들이 많았고 내가 읽은 책을 쓴 작가님이 있었습니다.

거기서 나는 특강을 통해 수준 높은 지식들을 들었습니다.

몇 개월 후에 다시 갔는데, 그때 그곳에서 김영근 작가님이라는 분을 만났습니다. 그분에게 내 인생의 마지막 네 번째 전도를 받았습니다. 그분의 지도하에 가장 아름답고 완벽하고 확실하게 기도를 제대로 하면서 예수님을 정확하고 똑바로 영접했습니다.

대단한 결과였습니다. 나는 그분이 시키는 대로 말씀을 잘 깨달을 수 있게 성령님께 도움을 구하는 기도를 하고 또 '그리스도'가 무슨 의미인지 알게 해 달라고 기도했습니다. 그 후에도 여러 번 김영근 작가님을 만나 복음에 대한 구체적인 가르침을 받았습니다.

내 안에 예수 그리스도 복음에 대한 열정이 불타고 있었습니다.

예수님이 내 인생을 완전히 변화시키셨습니다.

예수님은 하나님의 아들이시며 세상에서 가장 크고 귀한 보배이십니다. 예수님을 모신 사람은 이 보배를 가진 존귀한 사람입니다.

그래서 아름답고 빛나는 존재, 곧 하나님의 자녀가 됩니다.

"우리가 이 보배를 질그릇에 가졌으니 이는 심히 큰 능력은 하나님께 있고 우리에게 있지 아니함을 알게 하려 함이라."(고후 4:7)

당신도 지금 이 보배를 가지지 않겠습니까?

예수님을 구주로 믿고 영접하십시오.

하나님을 만남으로 은혜 받은 이야기

당신은 부모님께 잘못한 것이 없습니까?

나는 어릴 때 어머니에게 잘못한 것이 많습니다. 그런데도 어머니는 나의 옛 죄와 실수를 다 용서하고 받아 주셨습니다. 그리고 그것을 다시 묻지 않으셨습니다. 이것이 어머니의 사랑과 애정입니다.

죄가 얼마나 무서운지 아십니까? 로마서 6장 23절에 "죄의 삯은 사망이요 하나님의 은사는 그리스도 예수 우리 주 안에 있는 영생이니라"고 했고 히브리서 9장 27절에는 "한 번 죽는 것은 사람에게 정해진 것이요 그 후에는 심판이 있다"고 경고했습니다.

나는 과거에 아무것도 모르고 저지른 행동들에 대해 정말 큰 죄책감을 느꼈습니다. 영화에서 죄인들이 지옥 불구덩이 속에서 요동치며 고통스러워하는 장면을 보고 나서 나는 정말 죄에 대한 형벌을 잔인하게 받을까 봐 너무 두렵고 무서웠습니다.

그래서 어떻게든 착하게 살고 싶었습니다. 하지만 내 힘으로는 어떤 죄에서도 자유롭지 못했습니다. 아무리 처신을 잘하려고 해도 과거에 해 왔던 행위들이 그대로 남아 있었습니다. 행동만 아니라 내 마음으로도 죄를 짓고 있는 게 많아서 두려웠습니다. 죽으면 바로 내 죄에 대한 형벌을 영원히 받게 될 것 같아 무서웠습니다.

하지만 이제는 달라졌습니다. 내 대신 십자가에 못 박혀 죽으신 예수 그리스도를 믿음으로 말미암아 죄와 형벌에서 완전히 구원 받았습니다. 나는 21세에 하나님의 사랑이 담긴 전도를 마지막으로 받아 제대로 확실하게 하나님께 나아가 회개하게 되었습니다.

나는 그리스도에 대해 하나님께 깨닫게 해 달라고 기도했습니다.

그리고 나에게 전도해 준 김영근 복음 전도자를 통해 죄와 복음, 구원과 그리스도 등 신앙적인 것에 대해 많은 걸 배웠습니다.

또한 그분의 소개로 집 근처 교회로 갔고 거기서 나는 새로운 사람들을 만나 그리스도에 대해 더 자세히 배웠습니다. 나는 마침내 여태까지 살면서 저질렀던 나의 모든 죄로부터 해방되었습니다. 그리스도 안에 들어가 죄로부터 영원히 해방된 것입니다. "내가 그리스도와 함께 십자가에 못 박혔나니 그런즉 이제는 내가 사는 것이 아니요 오직 내 안에 그리스도께서 사시는 것이라. 이제 내가 육체 가운데 사는 것은 나를 사랑하사 나를 위하여 자기 자신을 버리신 하나님의 아들을 믿는 믿음 안에서 사는 것이라."(갈 2:20)

나는 드디어 만왕의 왕이신 하나님의 은혜로 내가 저질렀던 모든 죄와 죄책감으로부터 해방되어 영적인 자유를 맞았습니다. 나를 위하여 자기 자신을 버리신 하나님의 아들 예수 그리스도의 은혜입니다. 그분이 내 대신 십자가를 지시고 죄 없는 피를 흘림으로 나의 죄가 영원히 해결되어 나는 자유를 얻었고 예수님께 빚을 졌습니다.

이것은 억만금으로도 갚을 수 없는 큰 용서의 빚입니다.

예수님은 2천년 전에 이 땅에 오셔서 인류의 모든 죄를 지시고 십자가에서 죽으시고 부활하심으로 승리의 선언을 하셨습니다.

인간이 절대로 해결할 수 없는 원죄가 해결되었습니다.

예수님은 태초의 사람 하와가 사탄에게 속아 선악과를 먹어 죄를 짓고 하나님을 떠난 원죄와 그 이후로 인간의 모든 죄를 전부 다 짊어지고 십자가에서 죽으셨습니다. 죄가 없고 거룩하신 하나님의 아들 예수 그리스도가 우리의 모든 죄를 지고 십자가에서 죽으셨고 우리를 죄와 사망의 법에서 완전히 해방시켜 주신 것입니다.

"그러므로 이제 그리스도 예수 안에 있는 자에게는 결코 정죄함이 없나니 이는 그리스도 예수 안에 있는 생명의 성령의 법이 죄와 사망의 법에서 너를 해방하였음이라. 율법이 육신으로 말미암아 연약하여 할 수 없는 그것을 하나님은 하시나니 곧 죄로 말미암아 자기 아들을 죄 있는 육신의 모양으로 보내어 육신에 죄를 정하사 육신을 따르지 않고 그 영을 따라 행하는 우리에게 율법의 요구가 이루어지게 하려 하심이니라."(롬 8:1~4)

그분을 믿음으로 말미암아 하나님의 백성이 된 사람들은 전부 죄와 사망의 법으로부터 영원히 해방되어 그리스도 안에서 새로운 피조물이 되었고 의인이 되었습니다. 나도 예수님의 새 생명을 가진 자가 되었습니다. 나는 모든 죄와 사망의 법에서 영원히 해방되었고 하나님의 자녀가 되었고 의인이 되었습니다.

그리스도 안에 들어온 사람들은 모든 죄가 예수님의 보혈로 깨끗이 씻겼습니다. 하나님 앞에서 죄가 더 이상 있지 않고 보이지도 않습니다. 죄가 완전히 없어졌습니다. 우리는 죄 사함을 받았고 영원히 사는 자가 되었습니다. 정말 어마어마한 축복입니다.

용서의 능력을 베푸신 하나님

당신은 사탄의 존재가 있다는 것을 아십니까?

내가 하나님과 사탄의 존재에 대해 몰랐을 때 했던 나쁜 짓들에 대해 전부 나 스스로 한 짓인 줄 알았는데 그게 아니었습니다.

나는 하나님을 만난 순간, 인간으로 하여금 죄 짓게 만드는 사탄이란 존재가 있다는 것을 알았습니다. 내가 그동안 사탄의 영향 아래에 살았다는 걸 알았습니다. 사탄은 하나님을 대적하며 반역하다가 하늘에서 쫓겨난 존재이며, 그는 이 땅에서 사람들을 조종하여 죄를 짓게 만들고 함께 지옥에 끌고 가려고 바쁘게 움직입니다.

하나님은 그분의 형상을 따라 지음 받은 인간을 매우 아끼고 사랑하십니다. 그래서 '용서의 능력'을 베푸셨습니다. 하지만 인간의 도덕과 상식으로는 용서의 능력이 쉽게 이해되지 않습니다.

하나님은 인간에게 사랑이시고 평안과 희락과 의가 되십니다.

예수님은 십자가에 달려 기도하셨습니다. "아버지, 저들을 사하여 주옵소서. 자기들이 하는 것을 알지 못함이니이다."(눅 23:34)

사람들은 자기들이 무슨 죄를 짓고 있는지 모릅니다.

군인들이 예수님을 십자가에 못 박을 때의 상황이나 지금의 상황이나 똑같습니다. 사람들은 끊임없이 죄를 짓고 나라가 나라를 대적하며 전쟁합니다. 이 세상은 죄가 가득한 저주 받은 땅이 되었습니다. 하나님이 죄를 짓고 타락한 인류에게 말씀하셨습니다.

"아담에게 이르시되 네가 네 아내의 말을 듣고 내가 네게 먹지 말라 한 나무의 열매를 먹었은즉 '땅은 너로 말미암아 저주를 받고' 너는 네 평생에 수고하여야 그 소산을 먹으리라. 땅이 네게 가시덤불과 엉겅퀴를 낼 것이라."(창 3:17~18)

그리고 인간의 눈에 보이지 않는 영적 존재인 사탄과 그의 군대인 귀신들이 역사해서 인간을 끊임없이 힘들고 고통스럽게 만들고 또 온갖 죄를 짓게 해서 마지막에 함께 멸망시키려 하고 있습니다.

요한1서 3장 8절에 이 사실에 대해 분명히 말씀합니다.

"죄를 짓는 자는 마귀에게 속하나니 마귀는 처음부터 범죄함이라. 하나님의 아들이 나타나신 것은 마귀의 일을 멸하려 하심이라."

나도 과거에 저질렀던 못난 짓들이 '사탄이 주는 생각'에 속아 그렇게 했다는 것을 말씀을 통해 깨달았습니다. 하지만 이제는 그리스도를 믿음으로 회개하고 구원을 받았습니다. 나의 억만 가지 죄가 다 사함 받았습니다. 강력한 보혈의 권능을 찬양합니다.

"우리는 그리스도 안에서 그의 은혜의 풍성함을 따라 그의 피로 말미암아 속량 곧 죄 사함을 받았느니라."(엡 1:7)

나는 죄를 미워하고 대적한다

당신은 죄를 미워하고 대적합니까?

나는 그리스도 안에 있기 때문에 더 이상 의도적으로 죄를 짓지 않습니다. 죄를 미워하고 대적합니다. 거룩한 삶을 살게 해 달라고 날마다 성령님께 도움을 구합니다. "하나님께로부터 난 자마다 죄를 짓지 아니하나니 이는 하나님의 씨가 그의 속에 거함이요 그도 범죄하지 못하는 것은 하나님께로부터 났음이라."(요일 3:9)

과거에 나는 사탄이 주는 생각이 내 생각인 줄 알고 많이 속았습니다. 그로 인해 사탄의 종노릇하며 못난 짓을 많이 했습니다. 우리 모두 예전에 다 그랬습니다. "너희는 너희 아비 마귀에게서 났으니 너희 아비의 욕심대로 너희도 행하고자 하느니라."(요 8:44)

지금은 내가 하나님의 자녀 곧 빛의 자녀로 신분이 바뀌었습니다. 그러므로 어떤 상황 속에서도 성령님을 의지하며 깨어 기도합니다. 뭔가 악한 생각이 나도 성경 말씀을 통해 분별합니다.

하나님이 기뻐하지 않는 생각은 대적합니다. 죄와 목마름, 병과 가난, 어리석음과 징계와 죽음에 대한 생각이 일어나면 사탄이 주는 부정적인 생각인 줄로 알고 예수 이름으로 명령하여 쳐냅니다.

하나님이 기뻐하시는 생각만 하라

당신은 하나님이 기뻐하시는 생각만 하고 있습니까?

하나님이 기뻐하시는 생각은 영의 생각입니다. 하나님이 미워하시는 생각은 육신의 생각입니다. 육신의 생각은 하나님과 원수가 됩니다. 당신은 어떤 생각을 하며 삽니까? 바울은 말했습니다.

"육신을 따르는 자는 육신의 일을, 영을 따르는 자는 영의 일을 생각하나니 육신의 생각은 사망이요 영의 생각은 생명과 평안이니라. 육신의 생각은 하나님과 원수가 되나니 이는 하나님의 법에 굴복하지 아니할 뿐 아니라 할 수도 없음이라. 육신에 있는 자들은 하나님을 기쁘시게 할 수 없느니라."(롬 8:5~8)

당신의 힘으로는 영의 생각을 할 수 없습니다. 그러므로 매일 아침 성령님께 이렇게 말씀드리며 도움을 구해야 합니다. "성령님, 오늘도 영의 생각만 하고 육신의 생각은 하지 않게 해주세요."

당신이 아직 예수님을 믿지 않고 있다면, 먼저 하나님의 아들 예수 그리스도를 당신의 구세주와 인생의 주인으로 영접하십시오. 그러면 하나님의 자녀가 됩니다. 그를 믿는 자마다 멸망하지 않고 영원히 사는 하나님의 백성이 된다고 성경은 말씀합니다.

"영접하는 자 곧 그 이름을 믿는 자들에게는 하나님의 자녀가 되는 권세를 주셨으니 이는 혈통으로나 육정으로나 사람의 뜻으로 나지 아니하고 오직 하나님께로부터 난 자들이니라."(요 1:12~13)

지금 나를 따라 이렇게 기도하기 바랍니다.

"하나님, 저는 죄인입니다. 이 시간에 회개하고 예수님을 구주로 믿습니다. 하나님의 아들이신 예수 그리스도가 저의 모든 죄와 저주를 짊어지고 십자가에서 피 흘려 죽으시고 사흘 만에 부활하신 것을 믿습니다. 저를 용서하시고 구원해 주셔서 감사합니다. 저는 이제 하나님의 자녀가 되었습니다. 그리스도 안에서 새로운 피조물이 되었고 의인이 되었습니다. 저에게 성령을 부어 주셔서 감사합니다. 예수님의 이름으로 기도합니다. 아멘."

이제 당신은 하나님의 자녀가 되었습니다. 당신 안에 큰 생명, 새 생명, 영원한 생명이 들어왔습니다. 당신은 영원히 삽니다.

아들을 믿는 자에게는 영생이 있다

"아들을 믿는 자에게는 영생이 있다"(요 3:36)고 했습니다.

사람들은 하나님이 보이지 않기 때문에 그분이 영원하신 분이라는 것과 또 그분을 믿는 자들이 영원히 산다는 것에 대해 의문을 갖습니다. '그런 게 어딨어?'라고 생각하는데 당연한 반응입니다. 하지만 영원한 생명과 심판은 분명히 있습니다. "한번 죽는 것은 사람에게 정해진 것이요 그 후에는 심판이 있으리니."(히 9:27)

걱정하지 마십시오. 하나님의 자녀가 된 당신은 심판이 없습니다. 예수님이 당신 대신 십자가에 달려 심판을 받았기 때문입니다.

당신이 하나님의 자녀가 된 이상 죄가 없습니다. 죄가 사해졌습니다. 당신은 그리스도 안에 들어온 새로운 피조물이 되었고 의인이 되었습니다. 하나님께 속한 당신은 더 이상 죄인이 아닙니다.

성경은 '의인의 신분'에 대해 분명히 말씀합니다.

"내가 복음을 부끄러워하지 아니하노니 이 복음은 모든 믿는 자에게 구원을 주시는 하나님의 능력이 됨이라. 먼저는 유대인에게요 그리고 헬라인에게로다. 복음에는 하나님의 의가 나타나서 믿음으로 믿음에 이르게 하나니 기록된 바 오직 '의인'은 믿음으로 말미암아 살리라 함과 같으니라."(롬 1:16~17)

"그리스도 안에서 내가 의인이 되었다"는 사실에 대한 강한 확신을 가지십시오. 의인은 죄가 없습니다. 의인의 길은 형통합니다. 의인의 길은 여호와께서 인정하십니다. 의인은 사자 같이 담대합니다. 의인의 입은 생명나무입니다. 의인의 기도는 역사하는 힘이 큽니다.

"의인의 간구는 역사하는 힘이 큼이니라."(약 5:16)

성경에서 말하는 의인과 세상이 말하는 의인은 다릅니다.

어떤 이는 헷갈릴 겁니다. 세상에서는 정말 착하게 살거나 큰 선행을 한 사람을 의인이라고 말합니다. 그것은 사람의 기준입니다. 하지만 사람들이 아무리 큰 선행을 해도 하나님이 보실 때는 그것이 의가 될 수 없습니다. 왜냐하면 속한 영이 다르기 때문입니다.

하나님의 기준에서는 '하나님께 속한 영'과 '마귀에게 속한 영'으로 의인과 악인이 구별되어집니다. 하나님께 속하지 않은 영은 그대로 죄인에 속하고 몸과 마음에 죄가 수두룩합니다. 그런 가운데 선행을 베풉니다. 육신을 가진 인간은 모두 이기적이고 나약하고 거짓말합니다. 고의적인 동기로 범행도 저지르기도 합니다.

나름대로 착한 사람도 마음에 나쁜 생각을 많이 합니다. 겉으로 표현하지 않을 뿐입니다. 과연 이렇게 저주 받은 몸과 영혼으로 선행을 좀 했다고 하나님이 보실 때 의인으로 인정될 수 있을까요?

절대로 그렇지 않습니다. 그런데도 사람들은 구원 받지도 않은 사람들이 선행을 하면 "의인이다"라고 부르며 존경합니다.

오직 믿음으로 의롭다 하심을 얻는다

성경은 의인과 악인에 대해 뭐라고 말씀할까요?

첫째, 성경은 "의인이 없다, 하나도 없다"고 말씀합니다.

"기록된 바 의인은 없나니 하나도 없으며 깨닫는 자도 없고 하나님을 찾는 자도 없고 다 치우쳐 함께 무익하게 되고 선을 행하는 자는 없나니 하나도 없도다. 그들의 목구멍은 열린 무덤이요 그 혀로는 속임을 일삼으며 그 입술에는 독사의 독이 있고 그 입에는 저주와 악독이 가득하고 그 발은 피 흘리는 데 빠른지라. 파멸과 고생이 그 길에 있어 평강의 길을 알지 못하였고 그들의 눈앞에 하나님을 두려워함이 없느니라 함과 같으니라."(롬 3:10~18)

둘째, 율법의 행위로는 하나님 앞에 의롭다 하심을 얻을 육체가 지구상에 단 한 명도 없습니다. "우리가 알거니와 무릇 율법이 말하는 바는 율법 아래에 있는 자들에게 말하는 것이니 이는 모든 입을 막고 온 세상으로 하나님의 심판 아래에 있게 하려 함이라. 그러므로 율법의 행위로 그의 앞에 의롭다 하심을 얻을 육체가 없나니 율법으로는 죄를 깨달음이니라."(롬 3:19~20)

셋째, 율법 외에 하나님의 한 의가 나타났습니다. "이제는 율법 외에 하나님의 한 의가 나타났으니 율법과 선지자들에게 증거를 받은 것이라. 곧 예수 그리스도를 믿음으로 말미암아 모든 믿는 자에게 미치는 하나님의 의니 차별이 없느니라."(롬 3:21~22)

넷째, 모든 사람은 오직 그리스도 예수 안에 있는 속량으로 말미암아 하나님의 은혜로 값없이 의롭다 하심을 얻을 수 있습니다. "모든 사람이 죄를 범하였으매 하나님의 영광에 이르지 못하더니 그리스도 예수 안에 있는 속량으로 말미암아 하나님의 은혜로 값없이 의롭다 하심을 얻은 자 되었느니라."(롬 3:23~24)

다섯째, 의인이 되는 길은 죄가 없는 하나님의 아들 예수 그리스도의 피의 권능에 있습니다. "이 예수를 하나님이 그의 피로써 믿음으로 말미암는 화목제물로 세우셨으니 이는 하나님께서 길이 참으시는 중에 전에 지은 죄를 간과하심으로 자기의 의로우심을 나타내려 하심이니 곧 이 때에 자기의 의로우심을 나타내사 자기도 의로우시며 또한 예수 믿는 자를 의롭다 하려 하심이라."(롬 3:25~26)

여섯째, 하나님 앞에서 자랑할 것이 하나도 없습니다. "그런즉 자랑할 데가 어디냐 있을 수가 없느니라."(롬 3:27)

일곱째, 우리는 세상 사람들이 만든 모든 법보다 억만 배나 높은 하나님이 만드신 믿음의 법을 따라 의인이 되었습니다. "무슨 법으로냐 행위로냐 아니라 오직 '믿음의 법'으로니라."(롬 3:27)

여덟째, 믿음으로 의롭다 하심을 얻는다는 것을 당신이 인정해야 합니다. "그러므로 사람이 의롭다 하심을 얻는 것은 율법의 행위에 있지 않고 믿음으로 되는 줄 우리가 인정하노라."(롬 3:28)

이러한 하나님이 정하신 믿음의 법을 인정하는 것이 곧 예수 그리스도를 구주로 믿고 영접하는 것입니다. 믿음의 법을 인정하지 않으면 행위의 법을 따라 심판을 받아야 합니다. 행위의 법을 따르면 모든 사람은 영원한 지옥 형벌을 받을 수밖에 없습니다.

"나는 착한 일을 많이 했는데 그래도 지옥에 가나요?"

그렇습니다. '인간의 행위로 말미암은 의'에 대해 성경은 더러운 옷과 같고 잎사귀 같이 시든다고 말씀합니다. "우리가 어찌 구원을 얻을 수 있으리이까? 무릇 우리는 다 부정한 자 같아서 우리의 의는 다 더러운 옷 같으며 우리는 다 잎사귀 같이 시들므로 우리의 죄악이 바람 같이 우리를 몰아가나이다."(사 64:5~6)

하나님의 자녀는 그리스도 안에 거하기 때문에 더 이상 죄가 없고 새로운 피조물로 거듭났고 의인이 되었습니다.

하나님께 이 큰 구원을 받았으니 감사하기 바랍니다. 큰 은혜를 받은 것에 감사하십시오. 영원히 살 수 있는 생명을 주심에 감사하십시오. 영원한 평안과 자유와 천국을 주신 것에 감사하십시오.

"허물로 죽은 우리를 그리스도와 함께 살리셨고 너희는 은혜로 구원을 받은 것이라"(엡 2:5)는 말씀처럼 우리는 오직 은혜로 구원을 받았습니다. 하나님의 은혜를 모르고 감사하지 않는 사람들이 많습니다. 우리는 모두 하나님께 큰 빚을 졌습니다.

감사하세요. 억만 번이나 감사하세요. 은혜를 절대 잊지 마세요.

하나님께 받은 모든 은혜에 대해 진심으로 감사하세요.

"감사로 하나님께 제사를 드리라."(시 50:14)

나는 하나님이 함께하심을 여러 번 체험했다

당신은 하나님이 함께하심을 체험한 순간이 있습니까?

나는 하나님이 나와 함께하심을 여러 번 느낀 적이 있습니다.

첫 번째 사례는, 예수 믿는다고 박해받을 때였습니다.

내가 서울의 한 교회를 다닐 때 부모님은 가지 말라고 하셨습니다. 그래도 나는 끝까지 갔습니다. 마지막 경고로 "교회 한 번 더 가면 집 나가야 한다"고 강하게 말씀하셨습니다. 그래도 나는 생각 없이 바로 또 교회를 갔습니다. 부모님은 결국 내게 "집 나가라, 1년의 시간을 줄 테니 돈 모아 독립해서 나가라"고 하셨습니다.

그때는 종교 문제로 아버지와 말다툼이 많이 일어났습니다.

나는 생각이 짧은 탓에 말씀에 있는 그대로 "죄의 삯은 사망입니다"라고 아버지께 말하고 말았습니다. 그러자 아버지는 눈이 확 돌아갔고 소리를 버럭 지르며 순식간에 내게 돌진해 와 멱살을 잡고 나를 침대에 엎었습니다. 다음날 나는 심한 두려움에 잡혀 방에 들어가 덜덜 떨었습니다. 정말 무서웠고 떨렸습니다. 하나님께 기도

했습니다. 오래 전 일이라 기도 내용은 잘 기억나지 않습니다.

나는 눈물 콧물 흘리며 간절히 기도했습니다. 하나님께 긍휼과 자비를 베풀어 달라고 기도했습니다. 계속 기도하면서 교회 전도사님께 이 상황을 알렸는데, 전도사님은 이런 말씀을 주셨습니다.

"예수께서 이르시되 내가 진실로 너희에게 이르노니 나와 복음을 위하여 집이나 형제나 자매나 어머니나 아버지나 자식이나 전토를 버린 자는 현세에 있어 집과 형제와 자매와 어머니와 자식과 전토를 백배로 받되 박해를 겸하여 받고 내세에 영생을 받지 못할 자가 없느니라."(막 10:29~30)

나는 이 말씀이 내가 놓여 있는 상황과 너무 정확하게 맞아떨어져서 깜짝 놀랐습니다. 그 순간 내 마음에 있던 혼돈과 공포와 두려움이 즉시 사라지고 하나님의 초자연적인 평안이 찾아왔습니다.

그 후에 이 일을 교회 청년부 팀에서 나누었습니다. 팀원 누나랑 동생들은 이 일을 듣고 온 몸에 소름이 쫙 돋았다고 했습니다. 그리고 정말 하나님이 살아 계심이 순식간에 느껴졌다고 했습니다. 이것이 내가 첫 번째로 하나님이 나와 함께하심을 느꼈던 일입니다.

두 번째 사례는, 교회 사람들이 나를 계속 압박해서 잠수 타고 나왔을 때입니다. 나는 그 교회를 나와 무려 1년 이상 교회를 가지 않았습니다. 그러던 중 한 분이 새 교회를 소개해 주셨습니다.

나는 드디어 교회를 갈 수 있다는 생각에 마음이 너무 설레고 좋았습니다. 게다가 그때는 내가 독립해서 혼자 살고 있으니 교회 가는 것이 자유로웠습니다. 나는 당당하게 하나님께 고백했습니다.

"하나님, 저는 드디어 다시 교회를 갑니다. 이 교회에서 열심히 찬양하며 하나님 아버지께 꼭 영광 돌릴 수 있게 해주세요.”

그 순간 갑자기 마음에서 진동이 크게 울렸고 내 눈에서 뜨거운 눈물이 나도 모르게 터져 몇 분 동안 크게 울었습니다. 그때 나는 하나님이 나와 함께하심을 체험했습니다. 아직도 생생합니다.

세 번째 사례는, 내가 이전 회사에 다닐 때였습니다.

퇴사 날이 다가올 때 나는 좀 더 근무할까 하고 관리자에게 말을 걸려고 했습니다. 이때 나는 회사 사무실 휴게실에서 발 뻗고 쉬고 있었습니다. 내가 좀 더 근무하고 싶다고 관리자에게 말을 꺼내려는 순간, 내 마음에서 하나님의 큰 음성이 들렸습니다.

‘너는 마음에 근심하지 말라.’

이 음성이 내 몸 전체에 그대로 울려 퍼졌습니다.

나는 순간 움찔했고 매우 놀랐습니다. 그 누구도 쉽게 들을 수 없는 음성을 들은 것이었습니다. 정말 소름이 쫙 돋았습니다.

네 번째 사례는, 회사에서 내가 쉬는 날이었습니다.

관리자가 내 휴무를 짰는데, 마지막 주에 3일 쉬는 거였습니다.

나는 3일 휴무니 행복하게 잘 쉴 수 있을 줄 알았습니다. 그래서 아침 늦게까지 푹 자려고 했습니다. 근데 갑자기 전화벨이 울렸고 관리자가 내게 “오류가 생겼으니 휴무를 미루고 내일 당장 출근하라”고 했습니다. 순간 내 기분이 상했고 일을 때려치우고 싶었습니다. 3일 동안 행복하게 쉬려는 좋은 감정이 전화 한 통으로 순식간에 날아갔기 때문입니다. 하루 종일 내 기분이 매우 안 좋았습니다.

다음 날 출근해도 여전히 기분이 안 좋았고 분노가 멈추지 않았습니다. 그러나 나는 마음을 다잡고자 하나님을 천천히 바라보기 시작했습니다. 그리고 하나님께 신앙을 고백하며 기도했습니다.

"하나님 아버지, 사람의 말로 인해 기분이 상해 시작된 이 분노가 사그라지고 평안을 누리게 하소서. 변함없이 하나님을 바라보게 하시고 그로써 제가 하나님께 영광을 돌릴 수 있게 하소서."

내 기도를 하나님께서 듣고 역사하셨는지 순식간에 내 마음속의 분노가 강한 바람에 먼지 사라지듯 사라졌습니다. 그리고 평안이 찾아왔습니다. 이때 하나님이 나와 함께하심을 느꼈습니다.

다섯 번째 사례는, 내가 회사에서 근무할 때였습니다.

그때 나는 주차 안내원으로 열심히 일하고 있었는데, 차가 많이 와서 한쪽에서 사람을 내려 주고 옆으로 다른 차를 보내 주고 있었습니다. 그때 한 여자가 나를 향해 사람 화나게 만드는 뜨거운 말투로 "왜 차를 여기 세우게 했냐?"며 소리 지르고 지나갔습니다.

그 말을 듣는 순간 내 마음에서 분노가 크게 올라왔고 갖고 있는 근무 장비를 전부 집어던지려고 했습니다. 내가 분노를 표출하려는 찰나에 갑자기 그 분노가 내 안으로 흡수되고 순식간에 없어졌습니다. 나는 하나님의 임재를 느꼈고 이런 생각이 들었습니다.

'하나님이 나의 분노를 흡수해서 없애 주셨구나.'

나도 모르게 마음이 안정되고 평온해졌습니다. 정말 놀라웠습니다. 웬만해선 분노가 사라지지 않고 외부로 표출되거나 아니면 그 분노를 인내심으로 억누르려고 애쓰게 됩니다. 하지만 나는 그런 것이 아닌 분노가 단번에 안으로 흡수되고 평온해지는 것을 느꼈습니다. 이처럼 나는 삶에서 하나님의 은혜를 많이 느낍니다.

나는 하나님을 바라보며 그분의 임재와 도우심을 경험합니다.

나에게 영원한 생명을 주신 것만도 감사한데 일상에서 여러 가지로 도와주시는 하나님의 은혜를 경험하면서 감사함이 넘칩니다.

내 삶에는 하나님의 사랑이 어마어마하게 넘칩니다.

"하나님, 감사합니다."

하나님과 동행하면서 겪은 이야기들

당신은 하나님의 인도하심을 받고 있습니까?

나는 어떤 일이 있을 때마다 그분의 인도하심을 구합니다.

내가 집 문제로 하나님께 도움을 구했을 때 겪은 일입니다.

이 이야기를 통해 당신은 내가 겪었던 실수를 반복하지 않기 바랍니다. 나는 22세에 그동안 저축했던 돈을 모아 독립했습니다.

과거에 신앙적인 부분에서 아버지와의 갈등이 있었습니다.

아버지는 "교회를 한 번 더 간다면 집을 나가라. 더 이상 같이 못 산다"고 하셨습니다. 그래도 나는 끝까지 교회를 갔고 결국 1년 내로 독립해야 했습니다. 나는 마침내 사회에 뛰어들어 돈을 벌어 독립했고 분가한 후에 열심히 혼자 살았습니다.

나는 빨래 다림질, 걸레질, 설거지 등 집안에서 해야 할 일에 대해 형의 교육으로 단련되어 있었습니다. 그래서 혼자 살게 되면서도 모든 걸 스스로 할 수 있었습니다. 게다가 어머니에게 국 끓이는 것과 반찬 만드는 방법을 배워 요리할 때의 느낌과 흐름, 기초를 익혔기 때문에 밥도 사 먹지 않고 스스로 해먹었습니다.

내가 회사에서 일한지 2년 4개월 무렵, 어느덧 혼자 살고 있는 집이 2년 계약 만료 3개월 전이 되었습니다.

집주인은 계약 조건을 변경하겠다고 했습니다.

나는 다른 집으로 이사하기 위해 2억이 필요했습니다.

그때 하나님은 내게 마가복음 11장 24절 말씀을 주셨습니다.

"그러므로 내가 너희에게 말하노니 무엇이든지 기도하고 구하는 것은 받은 줄로 믿으라. 그리하면 너희에게 그대로 되리라."

나는 그 말씀대로 기도하고 구한 것을 받은 줄로 믿고 '아멘' 했습니다. 하지만 행동으로 움직여야 하는 걸 깨닫지 못했습니다.

회사도 관둔 상태인데 계약 만료 두 달 전까지 가만있었습니다.

나는 계속 통장에 2억이란 돈이 찍힐 때까지 응답을 기다리고 있었습니다. 한심한 일이었습니다. 아멘 했다고 하늘에서 당장 돈이 뚝딱 떨어지는 것이 아닌데, 그런 생각에 빠져 있었던 겁니다. 나는 아무것도 안 하고 어디로 이사 갈지만 알아보고 피시방에 즐겨 갔고 등산도 갔습니다. 마침내 계약 종료 하루 전이 되었습니다.

나는 내게 복음을 전해 준 김영근 작가님께 연락했고 이 문제에 대해 어떻게 생각하는지 물었습니다. 그분은 이렇게 말했습니다.

"김민혁 작가님, 받았다고 믿고 아멘 했다고 하늘에서 당장 돈이 뚝딱 떨어지는 게 아니에요. 믿음이 있으면 반드시 행동해야 해요. 행함이 없는 믿음은 죽은 믿음입니다. 그러니 청년 대출 등 많이 알아보세요. 구하고 찾고 두드리세요. 그러면 얻게 됩니다."

나는 놀라운 깨달음을 얻었습니다.

나는 그때 정말 한심했고 큰 착각 속에 갇혀 있었습니다.

결국 계약 만료 하루 전날 밤에 집주인이 초인종을 길게 눌렀고 나는 집주인에게 전세를 재계약하겠다고 말씀드렸습니다.

그러자 집주인은 당황하며 "아니, 그럴 거면 미리 말씀해 주셨어야죠. 당장 내일 세입자 들어올 건데, 어떻게 할 거예요?"라면서 비난하셨고 나는 "진짜 대책 없다"는 말까지 들어야 했습니다.

나는 결국 가족에게 연락해 본가로 돌아가게 되었습니다.

본가에 도착해 짐을 전부 옮기고 정리한 다음 쉬고 있는데 아버지께서 나를 불러 이렇게 말씀하셨습니다.

"왜 그렇게 했냐? 다시 독립해라."

나는 너무 죄송한 마음에 부모님 앞에서 눈물을 보이고 말았습니다. 그리고 속으로는 하나님께 더욱더 죄송스러웠습니다.

당신은 어떻습니까? 나처럼 기도하고 구한 것을 받은 줄로 믿고 아멘 하는 것까지는 좋습니다. 하지만 믿음이 있다면 가만있지 말고 몸을 움직여야 합니다. 믿음은 눈에 보이는 것입니다. 행함으로 당신의 믿음을 나타내 보여야 합니다. "이와 같이 행함이 없는 믿음은 그 자체가 죽은 것이라. 어떤 사람은 말하기를 '너는 믿음이 있고 나는 행함이 있으니 행함이 없는 네 믿음을 내게 보이라. 나는 행함으로 내 믿음을 네게 보이리라' 하리라."(약 2:17~18)

나는 하나님의 말씀을 믿는 믿음이 있었지만 행동으로 움직이지 않았기 때문에 내 믿음은 죽은 믿음이었던 것입니다. 당신도 이 책을 통해 깨달음을 얻기 바랍니다. 기도하고 구한 것을 받은 줄 믿고 아멘 했다면 나처럼 가만히 있지 말고 반드시 움직이십시오.

각자의 역할이 분명히 있습니다. 피조물이 해야 하는 역할과 하나님이 해주시는 역할이 다릅니다. 이 부분을 반드시 구별하십시오.

믿음이 있으면 반드시 움직이십시오. 그리고 하나님께서 열어 주시고 공급해 주시는 대로 물위를 걸으며 앞으로 나아가십시오.

그러면 기적이 일어날 것입니다. "믿음이 그의 행함과 함께 일하고 행함으로 믿음이 온전하게 되었느니라. 영혼 없는 몸이 죽은 것 같이 행함이 없는 믿음은 죽은 것이니라."(약 2:22, 26)

하나님을 경외하는 중심을 회복하라

당신은 살면서 하나님을 찾은 적이 있습니까?

나는 예전에 하나님을 찾지 못하고 막연히 신이 있다고만 믿고 살았습니다. 사람마다 하나님을 찾는 이유와 목적이 다를 것입니다.

어떤 사람은 경제적으로 너무 힘들어서 하나님을 찾습니다.

어떤 사람은 몸이 아파서 찾고 부자가 되려고 찾기도 합니다.

어떤 사람은 행복을 위해 찾고 자신의 꿈이 이루어지길 원하는 마음으로 찾기도 합니다. 이렇게 사람들이 하나님을 찾는 이유는 셀 수도 없이 많습니다. 많은 사람들이 결국은 자신을 위해 하나님을 찾고 만나려고 합니다. 여기에서는 중심이 '나 자신'입니다.

하지만 기억해야 할 진리가 있습니다. 그것은 곧 모든 일의 주체가 내가 아닌 주님이라는 사실입니다. 이것이 올바른 중심입니다.

"모든 일의 주체가 내가 아닌 주님이시다."

나 또한 그렇고요. 많은 사람들이 중심이 회복되어 있지 않은 상태로 하나님을 만나고 꿈을 향해 정신없이 달려갑니다. 그 후로 엄청난 연단을 받습니다. 이 연단을 '자아 죽음의 과정'이라고 표현합니다. 자아가 주인이 되어 하나님을 자기 마음대로 움직이려고 하는데, 이런 교만한 자아가 항복하고 가루처럼 깨어져야 합니다.

당신은 어떻습니까? 자신이 하나님보다 우선이 아닙니까?

하나님보다 내 입장이 우선이고 하나님의 말씀보다 내가 배운 세상 기준이 우선이 되어 있지 않습니까? 그리고 막상 하나님의 말씀을 받으면 이해가 안 된다며 항의하고 대들지 않습니까?

"하나님, 왜 나를 하나님의 말씀에 맞추라고 하십니까? 왜 내가 하나님의 뜻에 맞춰야 합니까? 하나님이 누구신데 나한테 이러십니까? 내 인생의 주인은 납니다. 간섭하지 마세요. 하나님의 말씀보다 내 기준과 감정, 내 입장이 우선입니다. 그렇지 않나요?"

이것이 곧 중심이 바로 서지 않은 상태로 하나님을 찾는 일그러진 모습입니다. 당신이 원하는 것을 주님께 구하면서 살고 있습니까? 잘하고 있습니다. 예수님도 "무엇이든지 구하라"고 하셨습니다. 그런데 어떤 이는 기도 응답을 자신이 원하는 모양대로 빨리 해 주지 않으면 하나님을 원망하며, 더 이상 그분을 신뢰하지 않습니다. 욥기 21장 15절에 이와 같은 내용이 나옵니다.

"전능자가 누구이기에 우리가 섬기며, 우리가 그에게 기도한들 무슨 소용이 있으랴 하는구나."

그래도 끝까지 믿는 사람이 분명히 있을 겁니다. 그것은 그 사람에게 '하나님을 경외하는 중심'이 있기 때문에 가능한 것입니다.

나도 중심이 흔들릴 때 그 중심을 회복하는 것이 어렵게 느껴집니다. 이것은 내 힘으로 안 되므로 성령님께 도움을 구합니다.

"성령님, 제 중심이 흔들리지 않고 견고하게 해주세요."

그러면 순간 성령님께서 강한 임재와 함께 내 중심을 바로 잡아 주십니다. 그러한 여러 가지 사례를 위에서 이야기했습니다.

하나님은 내게 '하나님을 향한 중심'을 부어 주셨습니다.

나는 항상 이 마음으로 주님께 나아가고 말씀에 순종합니다. 그리고 그분의 말씀에 순종하는데 있어 한계를 정하지 않습니다.

기도할 때 내 중심을 그분께 맞추는 것이 어려울 때가 있습니다.

그럴 때는 성령님께 도움을 구하며 내 마음을 조율해 나갑니다.

무엇보다 '하나님을 경외하는 중심'이 가장 중요합니다. 나는 미래에 하고 싶은 일이 아주 많습니다. 내가 이렇게 책을 써내는 것도 하나님의 영광을 위해서입니다. 성경은 무엇을 하든지 하나님의 영광을 위해 하라고 말씀합니다. "그런즉 너희가 먹든지 마시든지 무엇을 하든지 다 하나님의 영광을 위하여 하라."(고전 10:31)

당신은 누구를 위해 창조되었습니까? 누구를 위해 살고 있습니까? 누구를 위해 일하고 있습니까? 당신은 하나님의 영광을 위해 만들어졌습니다. 이사야 43장 21절에 "이 백성은 내가 나를 위하여 지었나니 나를 찬송하게 하려 함이니라"고 했습니다.

주님께서 우리를 구원하셨으니 우리는 오직 주님을 위해 살아야 합니다. "우리가 살아도 주를 위하여 살고 죽어도 주를 위하여 죽나니 그러므로 사나 죽으나 우리가 주의 것이로다."(롬 14:8)

모든 사람은 하나님의 영광을 위해 창조되었습니다. 그러므로 하나님을 위해 살고 하나님을 위해 일하고 하나님을 위해 죽어야 합니다. 하나님을 경외하는 중심이 없으면 기도 응답 받을 수 없고 마음에 원망과 불평만 쌓이게 됩니다. 이렇게 기도하기 바랍니다.

"하나님 아버지, 제가 하나님을 향한 중심을 회복하게 해주세요. 저를 불쌍히 여기시고 인도하시고 도와주세요. 제가 오직 빛의 자녀로 살며 세상을 본받지 않게 해주세요. 어떤 일을 하든지 하나님의 뜻을 잘 분별하게 해주세요. 하나님을 위해 거룩하고 올바르게 살게 해주세요. 예수님의 이름으로 기도합니다. 아멘."

이 땅에서 살아가는 동안 하늘나라를 누리기 바랍니다.

하늘나라 곧 천국은 죽어서만 가는 곳이 아닙니다. 이 땅에서부터 곧 당신 안에서부터 시작됩니다. 눈에 보이지 않는 영이신 성령님이 하나님의 나라를 가지고 당신 안에 가득히 들어오셨습니다.

"바리새인들이 하나님의 나라가 어느 때에 임하나이까 묻거늘 예수께서 대답하여 이르시되 하나님의 나라는 볼 수 있게 임하는 것이 아니요 또 여기 있다 저기 있다고도 못하리니 하나님의 나라는 너희 안에 있느니라."(눅 17:20~21)

하나님의 나라는 성령 안에서 행복을 누리는 것입니다.

"하나님의 나라는 먹는 것과 마시는 것이 아니요 오직 성령 안에 있는 의와 평강과 희락이라."(롬 14:17) 성령님은 '하나님의 의'와 '하나님의 평강'과 '하나님의 희락'을 가지고 당신 안에 가득히 들어와 계십니다. 사람의 의와 평강과 희락이 아닙니다.

당신이 이 땅에서 이러한 하나님의 의와 평강과 희락을 풍성히 누리며 사는 것이 하나님의 뜻입니다. 이것은 오직 성령님을 통해서만 가능합니다. 성령님을 사랑하고 의지하십시오. 천국에는 이 땅에서 겪는 온갖 저주와 재앙이 없습니다. 절망과 슬픔과 질병이 없습니다. 오직 의와 평강과 희락만 있습니다. 내가 쓴 이 책을 통해 당신이 행복해지기를 예수님의 이름으로 축복합니다.

하늘나라를 이 땅에서 누리는 비결

당신은 하늘나라를 이 땅에서 누리는 비결을 아십니까?

그것은 당신이 하나님께 억만 가지 죄와 실수를 용서받은 것처럼 당신도 형제의 죄와 실수를 용서할 때 가능합니다. 그렇지 않으면 당신이 어떻게 될까요? 예수를 구주로 믿고 영혼이 구원 받았다 할지라도 '옥졸들에게 붙여져' 이 땅에 사는 동안 날마다 당신의 마음에서 엄청난 지옥의 고문을 경험하게 될 것입니다.

예수님이 일만 달란트 빚진 종에 대한 비유를 드셨습니다.

"그러므로 천국은 그 종들과 결산하려 하던 어떤 임금과 같으니 결산할 때에 만 달란트 빚진 자 하나를 데려오매 갚을 것이 없는지라. 주인이 명하여 그 몸과 아내와 자식들과 모든 소유를 다 팔아 갚게 하라 하니 그 종이 엎드려 절하며 이르되 내게 참으소서 다 갚으리이다 하거늘 그 종의 주인이 불쌍히 여겨 놓아 보내며 그 빚을 탕감하여 주었더니 그 종이 나가서 자기에게 백 데나리온 빚진 동료 한 사람을 만나 붙들어 목을 잡고 이르되 빚을 갚으라 하매 그 동료가 엎드려 간구하여 이르되 나에게 참아 주소서 갚으리이다 하되 허락하지 아니하고 이에 가서 그가 빚을 갚도록 옥에 가두거늘 그 동료들이 그것을 보고 몹시 딱하게 여겨 주인에게 가서 그 일을 다 알리니 이에 주인이 그를 불러다가 말하되 악한 종아 네가 빌기에 내가 네 빚을 전부 탕감하여 주었거늘 내가 너를 불쌍히 여김과 같이 너도 네 동료를 불쌍히 여김이 마땅하지 아니하냐 하고 주인이 노하여 그 빚을 다 갚도록 그를 '옥졸들'에게 넘기니라. 너희가 각각 마음으로부터 형제를 용서하지 아니하면 나의 하늘 아버지께서도 너희에게 이와 같이 하시리라."(마 18:23~35)

하나님이 당신의 모든 죄를 용서했고 형제의 모든 죄를 용서하셨습니다. 그런데 당신이 형제의 죄를 용서하지 않는다면 당신은 하나님보다 높은 자리에 있는 것입니다. 이것이 '교만'입니다.

바울은 "너희 관용을 모든 사람에게 알게 하라. 주께서 가까우시니라"(빌 4:5)고 했습니다. 여기서 관용은 '용서'를 의미합니다.

그러므로 이 말씀은 "하나님이 너와 형제를 용서하신 것처럼 너도 너그러운 마음으로 너 자신과 형제를 용서하라"는 것입니다. 하나님의 용서하심과 당신의 용서를 모든 사람에게 알게 해야 합니다.

그럴 때 어떤 일이 일어날까요? 그 다음 구절인 빌립보서 4장 6~13절에 자세히 나오는데 곧 '다섯 가지 기적'이 일어납니다.

첫째, 염려가 사라지고 감사와 평강이 가득해지게 됩니다.

"아무 것도 염려하지 말고 다만 모든 일에 기도와 간구로, 너희 구할 것을 감사함으로 하나님께 아뢰라. 그리하면 모든 지각에 뛰어난 하나님의 평강이 그리스도 예수 안에서 너희 마음과 생각을 지키시리라."(빌 4:6~7)

둘째, 당신의 삶이 균형과 조화를 이루게 됩니다.

"끝으로 형제들아, 무엇에든지 참되며 무엇에든지 경건하며 무엇에든지 옳으며 무엇에든지 정결하며 무엇에든지 사랑 받을 만하며 무엇에든지 칭찬 받을 만하며 무슨 덕이 있든지 무슨 기림이 있든지 이것들을 생각하라."(빌 4:8)

셋째, 하나님의 말씀을 실천하는데 막힘이 없게 됩니다.

"너희는 내게 배우고 받고 듣고 본 바를 행하라 그리하면 평강의 하나님이 너희와 함께 계시리라. 내가 주 안에서 크게 기뻐함은 너희가 나를 생각하던 것이 이제 다시 싹이 남이니 너희가 또한 이를 위하여 생각은 하였으나 기회가 없었느니라."(빌 4:9~10)

넷째, 모든 형편에 자족하게 됩니다.

"내가 궁핍하므로 말하는 것이 아니니라. 어떠한 형편에든지 나는 자족하기를 배웠노니 나는 비천에 처할 줄도 알고 풍부에 처할 줄도 알아 모든 일 곧 배부름과 배고픔과 풍부와 궁핍에도 처할 줄 아는 일체의 비결을 배웠노라."(빌 4:11~12)

다섯째, 모든 것을 할 수 있게 됩니다. "내게 능력 주시는 자 안에서 내가 모든 것을 할 수 있느니라."(빌 4:13)

자신이 주인 행세하는 마음을 내려놓으라

당신은 자신과 주위 사람들을 다 용서했습니까?

나는 다 용서했습니다. 하나님의 은혜입니다. 예전에는 내 가족과 내게 피해 준 사람들을 쉽게 용서할 수 없었습니다. 용서한다고 해도 반 정도만 되었고 완전히 용서되지 않았습니다. 나는 가족에게도 받은 상처가 많았고 학창시절 같이 공부했던 학생들로부터도 많은 상처를 받았습니다. 그들에 대한 분노가 계속 일어났습니다.

내가 하나님을 만나게 되자 그리스도 안에서 내 영혼이 죄와 사망의 법으로부터 자유로워졌습니다. 하지만 그게 전부가 아니었습니다. 성경 말씀에서는 한 걸음 더 나아가 "네 원수를 용서하고 사랑하라"고 하셨는데, 나는 여전히 용서가 안 되었습니다.

아무리 용서하고 싶어도 쉽게 되지 않았습니다. 당연합니다. 자신에게 직접적인 해를 가하고 상처를 준 사람들을 어떻게 쉽게 용서할 수 있나요? 결코 쉽지 않습니다. 성령님께 도움을 구해야 합니다. "성령님, 제가 모든 사람을 용서할 수 있게 해주세요."

그러면 성령님께서 놀라운 깨달음을 주십니다. 깨달음이 오면 내 생각과 삶이 바뀝니다. 나는 요즘 깨닫는 속도가 남달리 빠르고 스스로에게 질문하는 것도 굉장히 많고 생각도 아주 깊어졌습니다.

나는 왜 내가 다른 사람을 쉽게 용서하지 못하는지 의문점이 생겼고 '나는 왜 용서를 못할까?'라는 깊은 고민에 빠졌습니다.

그때 깨달아졌던 것은 내 인생의 주인이 하나님이 아니라 내가 되어 있었다는 것입니다. 결국 나 자신이 주인 행세하기 때문에 다른 사람들의 옛 죄와 실수가 용서되지 않았던 것입니다. 이것이 하나님 앞에서 나 자신을 내려놓지 못한 '교만'이었습니다.

나는 이런 결론을 내렸습니다.

"아무리 마음이 착해도 하나님 앞에서 자신이 주인 행세하는 마음을 내려놓지 못하면 영혼이 겸손하지 못하고 교만한 것이다. 그러면 나 자신과 다른 사람의 옛 죄와 실수를 용서할 수 없다."

이것을 깨닫고 나서 나는 회개했습니다. 내가 아무리 착하고 성공한 사람이어도 하나님 앞에 겸손하지 못한 교만한 자였음을 인정하고 나의 교만한 마음을 하나님 앞에 다 내려놓았습니다.

그랬더니 하나님께서 즉시 은혜를 주시므로 내 마음에 평안이 찾아왔고 지금까지 세상을 살아오면서 사람들에게 받았던 모든 상처가 단번에 완전히 용서가 되었습니다. 정말 대단한 일입니다.

내가 하나님 앞에 교만했던 마음을 내려놓고 겸손해지니 모든 사람이 저절로 용서가 된 것입니다. 놀랍지 않습니까? 그동안 나를 힘들게 한 가족도 지인도 학교 친구도 모두 용서하니 내 마음속에 사망이 주는 모든 미움과 증오심, 원한과 분노가 전부 사라지고 하나님의 평안이 찾아와 내 마음이 깃털처럼 가벼워졌습니다.

"하나님, 정말 감사합니다."

용서의 하나님께 모든 영광을 돌립니다

당신도 부모 형제, 지인들에게 큰 피해를 입었습니까?

하나님 앞에 자신을 내려놓고 겸손히 그들을 용서하십시오.

왜 일까요? 하나님이 먼저 예수 그리스도의 십자가 속량의 은혜로 말미암아 당신과 그들의 억만 가지 죄와 실수를 다 용서하셨기 때문입니다. 우리 모두는 용서받았습니다. 이러한 하나님의 용서 안에서 당신 자신과 다른 사람을 용서해야 하는 것입니다.

하나님은 당신이 죄인이었을 때 당신을 사랑하고 용서하셨습니다. "우리가 아직 연약할 때에 기약대로 그리스도께서 경건하지 않은 자를 위하여 죽으셨도다. 의인을 위하여 죽는 자가 쉽지 않고 선인을 위하여 용감히 죽는 자가 혹 있거니와 우리가 아직 죄인 되었을 때에 그리스도께서 우리를 위하여 죽으심으로 하나님께서 우리에 대한 자기의 사랑을 확증하셨느니라."(롬 5:6~8)

하나님이 주인이시고 당신은 종입니다. 당신이 주인의 자리에 앉아 있다면 아무도 용서할 수 없습니다. 주님이 말씀하십니다.

"서로 친절하게 하며 불쌍히 여기며 서로 용서하기를 하나님이 그리스도 안에서 너희를 용서하심과 같이 하라."(엡 4:32)

하나님 앞에 당신의 교만한 마음을 완전히 내려놓으세요. 하나님 앞에 겸손해지고 형제를 용서하세요. 그러면 당신도 나처럼 하나님께 영원한 용서와 평안을 얻습니다. 그 사람이 아닌 그 사람을 용서하신 하나님을 바라보며 용서하세요. 그리고 당신과 그 사람을 모두 용서하신 '용서의 하나님'께 모든 영광을 돌리세요.

당신의 가슴에 용서의 능력이 강물처럼 흐르고 있습니다.

당신을 예수 이름으로 응원하고 축복합니다.

자신을 용서하고 용납하라

당신은 완벽을 추구하지 않습니까?

모든 면에 완벽을 추구하다 보면 대중이 두려워집니다.

사람이 대중을 두려워하는 이유는 '혹시라도 그들 앞에서 실수하여 내 이미지를 망치면 어떻게 할까?'라는 염려 때문입니다. 자신에 대한 완벽한 이미지가 조금이라도 흐트러져 보이는 것을 자신이 용납하지 못하는 것이죠. '내 모습 이대로도 나는 멋진 사람이다'라고 믿고 나 자신을 있는 모습 그대로 받아들이는 것이 필요합니다.

"그러므로 이제 그리스도 예수 안에 있는 자에게는 결코 정죄함이 없나니"(롬 8:1)고 했습니다. 자신을 정죄하지 말아야 합니다.

완벽을 추구하지 말고 자신을 용납하라

당신은 자신에 대해 너그러운 마음이 있습니까?

나는 나 자신에 대해 너그러운 마음을 갖기로 했습니다.

다른 사람에 대해서는 한없이 너그러우면서도 자신에 대해서는 끝도 없이 자책하는 사람들이 많습니다. 그들은 말합니다.

"어휴, 나는 정말 멍청해. 내가 왜 그때 그런 선택을 했지?"

괜찮습니다. 십계명을 어긴 것은 회개해야 하지만 그 외의 실수들은 괜찮다고 여기십시오. 하나님은 그 모든 것을 합력하여 선을 이루십니다. "우리가 알거니와 하나님을 사랑하는 자 곧 그의 뜻대로 부르심을 입은 자들에게는 모든 것이 합력하여 선을 이루느니라."(롬 8:28)고 했습니다. 자신을 책망하지 말고 용서하십시오.

그리스도 안에서 나를 용서한다는 것은 실수를 잊는 것입니다.

예수 그리스도의 보혈이 모든 죄와 실수를 씻었기 때문입니다.

예수의 피는 죄와 실수를 덮는 것이 아닌 씻어 없앴습니다.

이것을 성경에서는 "도말했다"고 표현합니다.

"나 곧 나는 나를 위하여 네 허물을 도말하는 자니 네 죄를 기억하지 아니하리라."(사 43:25) 이 말은 완전히 제거했다는 말입니다.

하나님은 당신의 모든 죄와 실수를 다 제거하고 잊으셨습니다.

그러므로 당신의 죄와 실수를 자꾸 떠올리지 말아야 합니다.

빌립보서 4장 5절에 "너희 관용을 모든 사람에게 알게 하라. 주께서 가까우시니라"고 했습니다. 관용은 '용서'를 말합니다. 주위의 모든 사람에게 알게 하는 것도 중요하지만 그 시작점은 바로 나 자신입니다. 관용을 나 자신이 알게 해야 합니다. 무슨 말이냐고요?

내가 나 자신을 용서해야 한다는 말입니다. 왜일까요? 하나님이 관용으로 나의 억만 가지 죄와 실수를 다 용서하셨기 때문입니다.

하나님이 용서한 나 자신을 용서하지 못하는 나는 누구입니까?

자신의 부족함과 연약함을 인정하고 전능하신 하나님을 의지하면 마음이 강하고 담대해집니다. 자존감과 자신감이 충만해집니다.

대중의 목소리를 두려워하지 마라

사울 왕은 대중을 두려워했습니다. 자신의 부족함을 있는 그대로 받아들이지 못했던 것입니다. 사울은 대중의 목소리에 귀 기울였습니다. 대중의 목소리를 두려워한 나머지 하나님의 음성에 불순종했습니다. 그 결과 하나님이 맡기신 왕의 자리에서 버림받았습니다.

당신은 사울처럼 사람의 목소리에 민감하지 않습니까? 나도 사람의 목소리에 민감한 때가 있었습니다. 사람의 시선에 민감했습니다. 대체로 사춘기가 올 즈음 그런 경향이 심했던 것 같습니다.

'누군가 나를 욕하고 싫어하면 어떡하지?'

'누군가 나를 해치면 어떡하지?'

'누군가 내가 말하고 행동하는 걸 비난하면 어떡하지?'

이런 걱정을 수도 없이 했습니다. 정확하게 말하면 쓸데없는 걱정이었던 것이죠. 그래서 뒤에서 누군가 나에 대해 말하는 것을 엄청 신경 썼습니다. 말이 나돌지 않게 가면을 쓰기도 했습니다.

나의 참된 모습을 철저히 감췄습니다. 그리고 얌전하고 착한, 다루기 쉬운 사람으로 인식되도록 가면을 썼습니다. 그렇게 세상이 정해 준 틀에 나를 끼워 맞추려고 했습니다. '나'라는 사람의 개성, 자아 등을 감추고 세상이 정해 준 틀에 맞춰 보편적이고 평범해 보이려고 했던 것이죠. 그렇게 해서 얻는 게 뭐냐고요? 하나도 없었습니다. 지나고 보니 다 쓸데없는 짓이었습니다.

"그런즉 근심이 네 마음에서 떠나게 하며 악이 네 몸에서 물러가게 하라. 어릴 때와 검은 머리의 시절이 다 헛되니라."(전 11:10)

정말 이 구절이 딱 들어맞았습니다. 세상에 나를 끼워 맞추려고 했던 것이 다 헛되었습니다. 쓸데없는 근심이었으며 노력이었습니다. 한 번 가면을 쓰니 그 가면을 벗는 게 힘들었습니다. 어떻게든 '진실 된 나'로 돌아가려고 했지만 번번이 실패했습니다.

가면을 벗지 못하니 '나'라는 사람을 드러낼 수 없었습니다.

지금까지 쌓아 온 인식과 시선이 있었기 때문입니다. 그들의 평판이 나를 구속하고 있었습니다. 지금껏 나를 알던 사람들은 내가 마냥 착하고 말 잘 듣고 순종적인 사람이라고 알고 있는데, 지금 와서 그 인식을 바꾸기란 쉽지 않았습니다. 어떻게 해야 할까요?

나는 성령님께 도움을 구했습니다. 언제나 머리를 썩이는 문제가 생길 때마다 성령님의 도움을 구하는데 이번에도 성령님께 도움을 요청했습니다. "성령님, 어떻게 할까요? 도와주세요."

성령님은 침묵하셨습니다. 다만 행동으로 나를 이끄심으로 직접 보여주셨습니다. 성령님은 말로 행동을 지시하기도 하지만 직접 행차하셔서 인도하시기도 합니다. 인생에는 만남이 있으면 이별도 있습니다. 성령님은 이별과 만남을 반복하게 하셨습니다. 이별의 축복을 통해 새롭고 더 좋은 만남의 축복을 주셨던 것입니다.

나는 새로운 만남을 통해 가면을 쓴 내가 아닌 진실 된 모습으로 사람들 앞에 섰습니다. 처음에는 어려웠습니다. 이때까지 가면을 쓰고 착한 사람 콤플렉스에 빠져 지냈지만 이제 진실 된 모습을 보여주려니 발가벗고 바깥을 나선 기분이었습니다.

그래도 처음을 극복하자 두 번, 세 번은 쉬웠습니다. 나는 가면을 쓰고 벗기를 자유자재로 하게 되었습니다. 하지만 누군가를 처음 볼 때는 아직 가면을 씁니다. 첫인상이 중요하기 때문입니다. 그러다 시간이 지나면 가면을 벗고 진실 된 모습을 보여주기도 합니다.

긍정적인 가면을 쓰고 살아가라

많은 사람들이 가면을 쓴 채로 살아갑니다. 그것이 잘못된 것은 아닙니다. 사람은 사회적인 동물이기에 주변 사람들의 시선과 평판에 신경이 많이 쓰이기 마련입니다. 그렇게 세상의 시선과 목소리에 눈치보다 보면 부정적인 가면을 쓸 수밖에 없습니다.

못난 사람의 가면, 자존감이 낮은 사람의 가면, 불쌍해 보이는 가면, 가난해 보이는 가면, 죄인의 가면, 병든 사람의 가면, 어리석은 사람의 가면 등 수없이 많은 다양한 가면을 씁니다. 그 가면을 억지로 벗으라고 하지는 않겠습니다. 세상 돌아가는 게 마치 가면무도회처럼 가면을 쓰고 연기하는 배우가 많습니다. 당신도 자기만의 역할에 심취해서 연기하고 있을 것입니다. 나는 말합니다.

"가면을 쓰세요. 다만 부정적인 가면을 쓰지 말고 긍정적인 가면을 쓰세요. 세상은 실감나게 연기하는 가면무도회와 같습니다. 모든 사람은 배우의 재능이 있는데 각자 자기만의 역할을 연기하기 때문입니다. 아니라고 말하지 마세요. 당신은 지금 당신에게 맡겨진 역할에 심취해서 연기하고 있을 뿐입니다. 그렇다면 차라리 부정적인 것을 연기하지 말고 긍정적인 것을 연기하세요. 연극을 할 때 극중 캐릭터에 심취해서 연기할 것입니다. 마찬가지로 세상을 살아가면서 '나'라는 사람을 연기할 때 기왕이면 불행하고 불쌍한 자존감 낮은 캐릭터보다 행복하고 자신감 넘치는 귀공자 같은 캐릭터를 만들어서 연기하는 게 좋지 않겠어요? 행복은 멀리 있지 않습니다. 날마다 행복한 사람을 연기하다 보면 진실로 행복해집니다. 믿음은 바라는 것들의 실상이라고 했으니까요."

어떤가요? 지금 당신이 불행하다고 미래에도 영원토록 불행할까요? 불행한 사람을 계속해서 연기하면 그렇게 됩니다. 하지만 마음속에 '나는 행복한 사람이야'라고 마음먹고 행복한 사람을 한 명 본받아 그 사람처럼 연기하다 보면 자신도 모르는 새 행복해지는 것을 발견할 수 있습니다. "웃으면 복이 온다"는 속담이 있습니다. 복이 올 때 웃는 것은 누구나 할 수 있습니다. 하지만 힘든 중에도 웃으면 복이 옵니다. 행복한 사람을 연기하면 실제로 행복해집니다.

억만장자와 귀공자 연기를 하라

돈 문제에 대해서도 똑같이 적용할 수 있습니다. 당신이 지금 수중에 돈이 한 푼도 없다고 해도 미래에 당신이 어떻게 될지 아무도 모릅니다. 당신이 연기하는 캐릭터가 어떠냐에 따라 미래가 바뀔 수 있다는 것입니다. 나는 성령님이 이끄는 대로 흘러가면서 참 다양한 사람을 만나기도 하고 헤어지기도 했습니다. 그런 와중에 사람들은 각자 맡은 역할을 연기합니다. 어떤 사람은 불행한 사람 역을 하고 어떤 사람은 갈 길 가는 행인 역을 합니다. 또 어떤 사람은 큰 부를 쌓아 마음껏 누리는 억만장자 역을 맡기도 합니다.

당신이 어떤 사람을 연기하느냐에 따라 인생은 극과 극으로 나뉩니다. 나도 평범한 사람, 착한 사람 역에 심취했던 때가 있었습니다. 그래서 착한 사람 콤플렉스에 걸리기도 했습니다. '거절'이라는 단어는 내 사전에 없었고 내가 손해를 보더라도 남을 도와줘야 직성이 풀렸습니다. 그러던 내가 성령님의 인도하심을 따라 흘러가다 보니 착한 사람의 가면을 벗게 되었습니다. 그리고 성령님이 자신감 넘치고 당당한 귀공자 연기를 하라고 역할을 맡기셨습니다. 왜냐하면 그것이 그리스도 안에서 나의 참된 모습이기 때문입니다.

연기하다 보면 그 역이 연기가 아니라 실제로 나타나게 되는 때가 있습니다. '귀공자처럼'이 아니라 '진짜 귀공자'가 된 것이지요.

똑같이 소심하고 자존감이 낮았던 내가, 대중의 목소리에 두려워하고 누가 나를 해치면 어떡하나 불안에 떨던 내가, 그와 반대되는 역할을 연기하다 보니 없던 자신감도 생기고 자존감도 높아졌습니다. 또 쓸데없이 불안해하지 않게 되었고 사람의 말에 귀 기울이지도 않게 되었습니다. 완전히 다른 사람으로 변한 것이지요. 당신도 그렇게 될 수 있습니다. 어떤 가면을 쓰고 연기하느냐에 따라 역할이 달라질 뿐입니다. 예수님도 네 얼굴을 갖고 사역하셨습니다.

사람의 얼굴, 사자의 얼굴, 소의 얼굴, 독수리의 얼굴입니다.

"그 속에서 네 생물의 형상이 나타나는데 그들의 모양이 이러하니 그들에게 사람의 형상이 있더라. 그 얼굴들의 모양은 넷의 앞은 사람의 얼굴이요 넷의 오른쪽은 사자의 얼굴이요 넷의 왼쪽은 소의 얼굴이요 넷의 뒤는 독수리의 얼굴이니."(겔 1:5,10)

사복음서의 저자 직업도 다양합니다. 마태는 세리, 마가는 선교사, 누가는 의사, 요한은 어부였습니다. 하나님은 그분의 아들 예수 그리스도의 사역에 대해 다양하게 표현하기를 원하셨습니다.

예수를 구주로 믿는 당신은 만왕의 왕이신 하나님의 자녀, 곧 왕족이 되었습니다. 당신 안에 왕적인 성령님의 기름 부음이 가득합니다. 성령님과 함께 귀공자의 얼굴로 자신을 표현하십시오.

이사야 40장 15절에 "보라, 그에게는 열방이 통의 한 방울 물과 같고 저울의 작은 티끌 같다"고 했습니다. 열방은 이 세상 모든 것을 의미합니다. 당신 안에 크신 성령 하나님이 함께 계십니다.

세상 모든 왕과 백성들은 통의 한 방울 물과 같이 작습니다. 세상을 크게 여기거나 두려워하지 마십시오. 오직 세상을 창조하신 하나님만 두려워하고 세상 모든 것, 곧 돈과 명예, 권력과 학벌, 땅과 건물, 사람들의 판단과 비판 등을 당신의 발밑에 두기 바랍니다. 성경에 "또 함께 일으키사 그리스도 예수 안에서 함께 하늘에 앉히시니"(엡 2:6)라고 했습니다. 당신은 지금 하늘에 앉아 있습니다.

당신은 하늘나라 시민권을 가진 하늘에 속한 사람입니다.

당신은 그리스도 안에서 의인이고 성령 충만하고 건강하고 부요하고 지혜롭습니다. 하나님의 평화와 생명이 가득합니다. 당신은 새로운 피조물입니다. 그리스도 안에서 올바른 자화상을 갖고 당당하게 살기 바랍니다. 당신에게 날마다 하나님의 은혜가 넘칩니다.

사람들의 평판을 먼지처럼 여기라

당신은 주위 사람들의 눈치를 보지 않습니까?

착한 사람 콤플렉스에 매여 착하게 보이려고 하지 않습니까?

예전에 나는 주위 사람들의 눈치를 많이 봤습니다. 어떤 일을 할 때 항상 노심초사했습니다. 뭘 해도 내 주위를 의식하며 눈치를 봤습니다. 당당하지 못했습니다. 그렇게 눈치만 보고 있자니 착해 빠지기만 한 내가 보였습니다. '평판'이라는 이름의 족쇄가 차였습니다. 평판은 내 안에 계신 성령님이 보실 때 통의 한 방울 물과 같고 저울의 작은 티끌 같습니다. 먼지처럼 아무것도 아닙니다.

"보라, 그에게는 열방이 통의 한 방울 물과 같고 저울의 작은 티끌 같으며 섬들은 떠오르는 먼지 같으니라."(사 40:15)

이 문장을 깊이 묵상하고 소리 내어 중얼거려 보십시오.

"판단과 비판은 저울의 작은 티끌처럼 아무것도 아니다."

누군가 부탁하면 눈치가 보여 거절하는 것은 꿈도 꾸지 못했습니다. 착한 사람 콤플렉스에 빠져 부탁을 받으면 무조건 들어줘야 한다는 강박관념 같은 것이 내 안에 자리 잡고 있었던 것입니다. 또한 내가 마땅히 누려야 할 권리나 이익 같은 것을 챙기는 것은 상상도 못할 일이었습니다. 권리나 이익 없는 의무만이 자리했습니다.

내가 할 수 없는 일이라도 일단 부탁받으면 거절하지 못했습니다. 그런 것들이 내게는 짐이 되었지만 세상의 눈치를 보느라 착해 빠진 사람을 연기해야 했습니다. 그렇게 하나둘씩 짐이 늘어나고 결국 감당할 수 없을 정도가 되었습니다. 그 무거운 짐들이 나를 짓누르면서 나는 다 내팽개치고 싶었습니다. 하지만 그렇게 내팽개치면 지금까지 쌓아 왔던 것들이 모두 무너져 내릴까 봐 실행에 옮기지 못했습니다. 주위의 평판 따위에 목숨을 걸었던 것입니다.

평판은 나를 옭아매는 죽음의 사슬과 같았습니다. 한 번 평판이라는 것이 생기기 시작하면 그 평판 때문에 이도 저도 못하는 경우가 있습니다. 그리고 그 평판을 유지하기 위해 위태로운 줄다리기를 해야 합니다. 한 번 삐끗하면 모든 것이 무너져 내리고 나락으로 떨어지기 때문입니다. 그 뒤엔 손가락질을 받고 욕을 먹는 일만 남습니다. 욕먹는 게 무슨 대단한 일이냐고요?

평판에 목매는 사람은 자신의 갖은 노력으로 쌓아올린 이미지를 버리지 못합니다. 그것을 자신의 정체성인 양 행동합니다. 나는 내 진정한 성격을 죽이고 평판 때문에 착한 사람을 연기해야 했습니다. 물론 내 성격이 개차반이라는 말은 아닙니다. 그렇다고 마냥 착해 빠지고 바보 같은 사람도 아닙니다. 나는 지금까지 쌓아 왔던 착한 사람이라는 평판을 붙들어 매고 있었습니다. 실제로 세상을 살아보면 착한 사람이라는 평판은 아무 쓸모없는데도 말입니다.

실제로 세상을 살아가는 데 착해 빠진 사람은 필요 없습니다.

착해 빠졌다 해도 능력이 없어서 아무것도 할 줄 모르는 사람은 결국 버려지기 때문입니다. 세상은 아주 냉정해서 쓸모없는 사람은 버려집니다. 그리고 착해 봤자 냉정하고 비정한 사회에서 살아남을 수 없습니다. 착하다는 게 나쁜 것은 아닙니다. 세상을 살아가는 데 착한 것은 필요 없다는 것입니다. 세상은 넓고 다양한 사람이 있는 것처럼 착하고 마음이 따뜻한 사람이 있는 반면 냉기 풀풀 날리는 차가운 사람도 있기 마련입니다. 비정한 현대사회에서는 마냥 착한 것이 좋기만 한 것은 아닙니다. 지혜와 모략이 있어야 합니다.

나는 착해 빠진 사람을 연기하기 싫었습니다. 나는 착한 사람보다 좋은 사람, 필요한 사람이 되고 싶었습니다. 나는 당당하게 하고 싶은 말을 다 하고, 하고 싶은 것 다 하는 삶을 살고 싶었습니다.

모든 사람을 만족시키려고 하지 마라

어느 날 하루는 SNS에 하나의 글이 올라왔습니다.

"아무리 착하다고 해도 누군가에겐 내가 천하의 죽일 놈일 수 있다. 또 누군가에겐 둘도 없는 친구이자 동반자일 수도 있다. 그러니 하고 싶은 말은 다 하고 하고 싶은 것 다 하며 살아라."

나는 이 글을 보고 충격을 받았습니다. 이 글을 볼 당시 착한 사람 콤플렉스에 빠져 있었기 때문이었습니다. 마냥 착해야 사람들이 인정하고 존중할 줄 알았는데 그게 아니었던 것입니다.

이 깨달음을 얻고 난 후, 나는 주변의 평판을 신경 쓰지 않기로 했습니다. 주위의 모든 사람을 만족시킬 수 없기 때문입니다.

세상사람 모두를 만족시키려면 천의 얼굴을 가지고 있어야 합니다. 또 모두를 만족시키기 위해 만 가지 사람을 연기해야 합니다.

그것은 사람이 도저히 할 수 없는 일입니다.

당신을 옭아매는 평판이라는 족쇄를 당장 벗어버리십시오.

세상 눈치 볼 필요가 전혀 없습니다. 나는 하나님의 자녀이기 때문에 세상이 내 위에 있을 수 없습니다. 하나님은 세상을 하나님의 자녀인 우리의 발아래에 두셨습니다. 세상을 다스려야 합니다.

내가 세상을 위해 있으면 불행합니다. 나처럼 착해 빠진 사람을 계속 연기해야 합니다. 평판에 얽매여 하고 싶은 것을 즐길 수 없습니다. 세상이 나를 위해 있는 것입니다. 만물이 내 아래에 있습니다. 하나님은 만물을 우리에게 안겨 주셨습니다. 그것을 인식하지 않았기 때문에, 모르기 때문에 받아 누리지 못하는 것입니다.

하나님이 내 위에 있고 그 다음에 내가 있으며 그 다음에 세상이 있습니다. 하나님이 우리를 이끌어 가시면 우리는 세상을 이끌어야 합니다. 사람의 힘으로 능력으로 하는 것은 아닙니다. 내 힘과 능력, 의를 드러내는 순간 하나님의 능력이 내 안에서 순식간에 사라집니다. 사람의 능력으로는 할 수 있는 게 제한됩니다. 하지만 전지전능하신 하나님의 능력을 빌리면 무궁무진한 일을 할 수 있습니다.

"아는 만큼 보인다"는 말이 있습니다. 지금까지 당신이 세상을 위해 있다고 생각했다면 당장 그 생각을 고쳐야 합니다. 세상이 당신을 위해 있다는 것을 알면 세상이 달라 보입니다. 당신이 세상을 위해 있다고 생각했던 때에는 암울한 세상이 보입니다. 어떻게든

무리에 어울리려 하고 세상에 도움이 되고자 뛰어다닐 것입니다. 하지만 세상이 당신을 위해 있다고 생각하면 환하고 밝은 세상이 눈앞에 보입니다. 세상이 당신을 위해 도움을 주려고 합니다.

모든 만물이 당신을 위해 있습니다. 다른 사람의 관점에서 보자면 그 사람을 위해 당신이 있다고 할 수도 있겠군요. 관점의 차이입니다. 당신의 관점에서는 당신을 중심으로 세상이 돌아갑니다.

발상의 전환이 당신의 인생을 바꾼다

발상의 전환이 당신의 인생을 바꿉니다. 하나님이 이 세상을 만든 것은 당신을 위해서입니다. 당신이 태어나기 전부터 계획되어 온 하나님의 절대적인 뜻이 있습니다. 그것이 무엇일까요?

천하보다 귀한 당신의 영혼이 구원받는 것입니다.

"하나님이 세상을 이처럼 사랑하사 독생자를 주셨으니 이는 그를 믿는 자마다 멸망하지 않고 영생을 얻게 하려 하심이라."(요 3:16)

이 말씀처럼 하나님은 당신을 위해 세상을 만들고 독생자 예수를 보내셨습니다. 그리고 예수를 십자가에 매달아 죽이심으로 당신의 과거와 현재와 미래의 죄까지 다 사하신 것입니다.

당신 한 사람을 위해 하나님이 세상을 창조하고 독생자, 즉 하나뿐인 아들을 보내셨습니다. 예수님이 십자가에 매달렸다는 것은 당신이 매달려야 할 십자가에 대신 매달렸다는 의미입니다. 당신이 맞아야 할 채찍을 대신 맞았으며 당신이 써야 할 가시면류관을 대신 썼습니다. 당신이 받아야 할 비난과 조롱을 대신 받았고 당신 대신 죽었습니다. 이 모든 것이 당신을 위해 당하신 고난입니다.

당신이 예수를 믿으면 영생을 얻고 세상이 당신을 위해 있게 됩니다. 예수 그리스도의 온전한 복음을 믿으면 죄, 목마름, 병, 가난, 어리석음, 징계, 죽음에서 벗어나게 됩니다. 그리고 의, 성령 충만, 건강, 부요, 지혜, 평화, 생명 가운데 거하게 됩니다.

하나를 빼고 적용된다거나 하나만 적용되는 게 아닙니다.

당신이 예수를 믿으면 위의 일곱 가지 은혜를 온전히 받게 됩니다. 하나만으로도 엄청난데 일곱 가지나 다 받게 되는 것입니다.

의인이 되었다고 성령이 부족해지지 않습니다. 성령이 충만해졌다고 가난해지거나 병을 얻지 않습니다. 건강해졌다고 평화와 생명을 가지지 못하는 게 아닙니다. 당신이 일곱 가지 온전한 복음을 얻게 되면 더 이상 세상의 눈치를 볼 필요 없습니다. 죄지은 죄인이 당당할 수 있습니까? 목마르거나 가난하면 눈치보고 쩔쩔맬 수밖에 없습니다. 병들면 격리되거나 기피 대상이 됩니다. 또한 어리석은 사람과 친해지고 싶은 사람이 있겠습니까? 예수를 믿고 일곱 가지 온전한 복음의 은혜를 얻었다면 더 이상 쩔쩔맬 필요 없습니다.

의인은 누군가의 눈치를 보지 않습니다. 죄가 없기 때문입니다. 성령이 충만하여 목마르지 않으면 목마름을 해소하기 위해 발버둥칠 필요 없습니다. 건강해지면 약을 먹거나 병을 고치기 위해 의사를 찾아갈 필요 없습니다. 부요해지면 돈 때문에 빌빌거리거나 쩔쩔맬 필요 없습니다. 지혜를 얻어 현명해지면 당당하게 하고 싶은 말을 다하며 눈치 보지 않게 됩니다. 나는 이 깨달음을 얻고 더 이상 세상의 눈치를 볼 필요가 없다는 것을 깨달았습니다. 착해 봤자 손해라는 것을 깨우쳤습니다. 하나님은 우리에게 말씀하십니다.

"내 일을 감당하려면 생각을 크게 해야 한다. 약한 마음을 버리고 강하고 냉정한 마음을 가져라. 더 이상 주위 사람들에게 쩔쩔매지 마라. 쩔쩔매야 하는 것은 네가 아니라 세상 사람들이다. 너는 나의 존귀한 자녀다. 황태자처럼 당당하게 살라."

하나님의 자녀는 황태자와 귀공자다

당신도 하나님의 자녀가 된 순간부터 신분이 바뀌었습니다.

어떤 신분이냐고요? 하나님의 자녀는 황태자입니다. 왕족, 즉 귀공자가 된 것입니다. 당신의 신분이 귀해진 만큼 귀한 대접을 받아야 합니다. 예수님은 대접받고 싶은 만큼 대접하라고 했습니다. 이 말은 사람을 존중하라는 뜻입니다. 하지만 존중은 해주되 쩔쩔매라는 말은 아닙니다. 매사에 있는 모습 그대로 당당해야 합니다.

당신은 귀공자가 되었습니다. 그러면 그에 걸맞은 의식 수준을 가져야 합니다. 의식 수준을 끌어 올려야 그 위치에 걸맞은 대접을 받을 수 있습니다. 노예 마인드를 가지고 왕족처럼 귀족처럼 대접 받아 봤자 감당할 수 없습니다. 귀공자 마인드를 가져야 합당한 대접을 받을 때 감당할 수 있게 되는 것입니다.

세상 눈치 보지 마십시오. 노예 마인드를 버리고 귀공자 마인드를 가지십시오. 업신여겨지지 말고 존중받으며 귀한 대접 받으십시오. 예수를 구주로 믿는 당신은 하나님의 자녀가 되었습니다. 하나님의 자녀는 왕족입니다. 그러니 그에 걸맞은 의식 수준을 가지고 살아야 합니다. 그리고 그에 걸맞은 대우를 받아야 합니다.

당신에게는 그럴 자격이 있습니다. 권리가 있습니다.

당신은 죄 짓는 것을 제외하고는 하고 싶은 것 다 하고, 하고 싶은 말을 다 하며 눈치 보지 말고 살기 바랍니다.

목표를 정하고 최선을 다하라

당신은 맡은 일에 최선을 다합니까?

나는 한 때 암울한 현재와 불안한 미래에 대해 두려움을 가진 적이 있었습니다. 내게 부딪힌 상황이 마음대로 풀리지 않자 좌절하고 낙심해서 내팽개친 적도 있었습니다. 어떻게든 내가 처한 상황을 뚫고 벽을 넘어야 했는데 내려놨습니다. 포기한 것이지요.

맡은 일에 포기하지 않고 최선을 다하려면 어떻게 해야 할까요?

사람은 목표가 있어야 합니다. 그래야 거기에 몰두하면서 생기가 넘치게 됩니다. 목표가 있어야 열정이 생깁니다. 수많은 난관과 역경이 있어도 자신이 설정한 목표를 향해 달려가게 됩니다. 나는 한 때 목표가 없었고 막연하게 여유 있는 생활을 하고 싶다고 생각했습니다. 인생에 대한 구체적인 목표 설정을 하지 않은 것입니다.

자신이 맡은 일에 대해 목표를 가지고 그 목표를 이루기 위해 최선을 다해야 합니다. 지금 주어진 상황은 하나님이 당신에게 맡긴 것입니다. 당신은 맡은 일에 끝까지 최선을 다해야 합니다.

성경을 보면 예수님이 비유로 말씀하셨습니다.

"어떤 귀인이 왕위를 받아 가지고 오려고 먼 나라로 갈 때에 그 종 열을 불러 은화 열 므나를 주며 이르되 내가 돌아올 때까지 장사하라 하니라."(눅 19:12~13)

귀인이 종들에게 장사하라고 한 므나씩 맡겼습니다. 한 므나는 현재 화폐단위로 계산하면 약 천만 원 정도입니다. 맡은 일에 최선을 다한 자와 다하지 않은 자에 대한 결과가 이후에 나옵니다.

"귀인이 왕위를 받아 가지고 돌아와서 은화를 준 종들이 각각 어떻게 장사하였는지를 알고자 하여 그들을 부르니 그 첫째가 나아와 이르되 주인이여 당신의 한 므나로 열 므나를 남겼나이다. 주인이 이르되 잘하였다 착한 종이여 네가 지극히 작은 것에 충성하였으니 열 고을 권세를 차지하라."(눅 19:15~17)

지극히 작은 것에 충성해서 많이 남긴 종은 더 큰 것을 맡아 관리하게 되었습니다. 당신도 그렇게 해야 합니다.

"그 둘째가 와서 이르되 주인이여 당신의 한 므나로 다섯 므나를 만들었나이다. 주인이 그에게도 이르되 너도 다섯 고을을 차지하라."(눅 19:18~19)

주인은 한 사람만이 아니라 작은 것에 충성한 모든 종에게 더 큰 것을 맡겼습니다. 이것은 '경쟁적인 부'가 아닌 '창조적인 부'입니다. 세상일도 작은 일에 충성할 때 더 큰 것을 맡게 됩니다. 말단 직원이 자신의 일에 충성하지 않으면 어떻게 승진할 수 있겠습니까?

"또 한 사람이 와서 이르되 주인이여 보소서 당신의 한 므나가 여기 있나이다. 내가 수건으로 싸 두었었나이다. 이는 당신이 엄한 사람인 것을 내가 무서워함이라. 당신은 두지 않은 것을 취하고 심지 않은 것을 거두나이다."(눅 19:20~21)

마지막 종은 능력이 있었음에도 불구하고 주인의 명보다 주인의 분위기를 더 두려워했습니다. 종에게는 주인이 맡긴 사명보다 중요한 것은 없습니다. 하지만 종은 사명을 행하지 않고 자기 합리화하며 그 돈을 수건에 싸 두었습니다. 불순종한 것이지요. 맡은 것에 최선을 다하지 않은 이 종은 어떻게 되었을까요?

"주인이 이르되 악한 종아 내가 네 말로 너를 심판하노니 너는 내가 두지 않은 것을 취하고 심지 않은 것을 거두는 엄한 사람인 줄로 알았느냐. 그러면 어찌하여 내 돈을 은행에 맡기지 아니하였느냐. 그리하였으면 내가 와서 그 이자와 함께 그 돈을 찾았으리라 하고 곁에 섰는 자들에게 이르되 그 한 므나를 빼앗아 열 므나 있는 자에게 주라."(눅 19:22~24)

주인은 맡은 것을 수건으로 싸서 내버려둔 종을 꾸짖었습니다.

그리고 한 므나를 빼앗아 열 므나 있는 자에게 주라며 "있는 자는 받겠고 없는 자는 그 있는 것도 빼앗기리라"고 했습니다.

당신은 혹시 맡은 사명에 불순종하지 않았습니까?

하나님이 당신에게 맡긴 사명이 아무리 사소한 것이라도 순종해야 합니다. 그리고 현재 맡은 것에 최선을 다하려면 구체적인 목표를 잡아야 합니다. 막연하게 하루하루를 보내는 것보다 맡은 일에 대한 목표를 정해서 실천하는 것이 좋습니다. 당신도 오늘부터 맡은 일에 구체적이고 현실적인 목표를 잡아 하나씩 실천하십시오.

목표를 정할 때 열 배로 잡으라

성경에서는 두 배, 다섯 배, 열 배를 이야기합니다.

어떤 목표를 구상할 때 두 배, 다섯 배, 열 배로 잡아 보십시오.

두 배는 달란트 비유로, 므나보다 큰 단위인 달란트를 맡았을 때입니다. 한 므나는 약 천만 원이고 한 달란트는 약 20억 원입니다.

다섯 배와 열 배는 므나 비유로, 열 므나를 남긴 종도 있고 다섯 므나를 남긴 종도 있습니다. 당신은 몇 배를 남깁니까?

두 비유에서 공통적으로 불순종한 종은 벌을 받았습니다.

다시 한 번 묻겠습니다. 당신은 현재 맡은 일에 최선을 다합니까? 혹시 지극히 작은 것을 맡았다고 소홀하지는 않습니까?

"지극히 작은 것에 충성된 자는 큰 것에도 충성되고 지극히 작은 것에 불의한 자는 큰 것에도 불의하니라."(눅 16:10)

하나님은 우리에게 지극히 작은 것을 맡기셨습니다. 그것을 땅에 파묻거나 수건으로 싸 두면 안 됩니다. 씨앗 같은 돈을 땅에 파묻거나 수건에 싸 둔다는 것은 맡은 일에 충성하지 않겠다는 뜻입니다.

하나님은 각 사람에게 감당할 수 있는 만큼의 몫을 맡기셨습니다. 처음부터 큰 것을 맡는 사람은 없습니다. 만약 그렇다 해도 감당하지 못하고 무너질 뿐입니다. 하나도 감당 못하는 사람에게 백 가지 천 가지를 감당하라고 맡기면 깔려 죽습니다. 지극히 작은 것을 감당한 사람이 큰 것도 감당할 수 있게 됩니다.

맡은 일에 대한 적성이 없을 수 있습니다. 하기 싫은 일을 맡았을 수도 있습니다. 그렇다 할지라도 현재 당신에게 주어진 것에 최선을 다해야 한다는 사실은 변함없습니다.

목표를 잡고 달려 나가다 보면 여러 가지 벽을 마주하게 됩니다. 그럴 때 좌절하고 낙심할 수도 있습니다. 때론 그 벽이 너무 높아서 어떻게 뛰어넘을지 감이 오지 않을 때도 있습니다. 하지만 포기하지 않으면 어떻게든 방법은 있습니다. 아직 찾지 못했을 뿐입니다.

누군가는 현명하게 포기하라고 할지도 모릅니다. 시간 낭비라며 다른 일을 알아보라고 할지도 모릅니다. 그런데 미래가 어떻게 될 줄 알고 쉽게 포기합니까? 오히려 미련하게 포기하지 않고 맡은 일에 최선을 다하는 사람만이 큰 성공을 거두는 경우가 많습니다.

지금 당장 눈앞이 깜깜하다 해도 결코 포기하지 말고 묵묵히 맡은 일에 최선을 다하십시오. 그러면 자고 깨고 하는 중에 6개월, 3년, 10년, 20년이 지나면 반드시 많은 열매를 맺게 될 것입니다.

당신이 현재 맡은 일에 최선을 다하면 열매를 거두고 더 큰 것을 맡게 될 날이 올 것입니다. 당신을 억만 번이나 축복합니다.

부정적인 사람에 대한 처세술

당신은 상처를 잘 받습니까?

나는 예전에 다른 사람의 말 한마디에 쉽게 상처 받았습니다.

누군가 아무 생각 없이 한 말에 상처 받았습니다. 말의 의도를 다르게 받아들여서 상처 받았습니다. 감정을 건드리는 말에 상처 받았습니다. 공격하는 말에 상처 받았습니다. 나는 연약한 마음을 가진 사람이었습니다. 하지만 지금은 견고한 마음을 가졌습니다. 상처 잘 받는 마음에서 상처 안 받는 마음으로 바뀌었습니다.

어떻게 마음이 견고해졌을까요?

나는 부정적인 사람에 대한 처세술을 활용했습니다. 상처 주는 말도 부정적이기 때문입니다. 나는 상처 주는 말을 거절하고 차단했습니다. 시간을 두고 상처 주는 말과 함께 있지 않았습니다.

나는 마음의 방벽을 만들어서 공격을 막았습니다. 막기만 하면 데미지가 쌓입니다. 그러면 가랑비에 옷 젖듯이 마음이 닳습니다. 그래서 흘려듣기도 했습니다. 때로는 피하는 것도 중요합니다.

당신은 감정이 상할 때 어떻게 해결합니까?

오해한 것은 대화로 풀면 됩니다. 하지만 이미 서로 감정이 상해 있는 경우는 시간을 둬야 합니다. 감정이 귀를 막고 있기 때문입니다. 귀를 막고 있는 사람에게는 어떤 말을 해도 안 들립니다. 벽에다 대고 대화하는 것과 마찬가지이기 때문입니다.

나는 상처 주기도 하고 받기도 했습니다. 대체로 말을 오해했기 때문입니다. 의도와 다르게 받아들인 것입니다. 그래서 서로 감정이 상했습니다. 감정이 상해 있으니 어떤 말을 해도 안 들렸습니다.

나는 진정될 때까지 시간을 뒀습니다. 그리고 다시 대화했습니다. 감정이 진정되고 나니 대화할 수 있었습니다. 대화해 보니 내가 너무 비약해서 받아들였다는 사실을 알게 되었습니다. 그렇게까지 상처 받을 말이 아니었는데 순간 감정이 상한 것입니다.

나는 상대방과 대화를 나누며 화해했습니다.

자신의 감정을 다스리는 비결

감정을 잘 다스려야 합니다. 감정의 골 때문에 나라끼리 전쟁이 나기도 합니다. 상처를 받는 것도 감정을 건드리기 때문입니다.

감정은 이성을 마비시킵니다. 이성적으로는 문제가 없는 말이 감정적으로는 받아들이지 못한 것입니다.

나는 혼자만의 시간에 많은 생각을 합니다. 혼자만의 시간은 내면의 상처를 치유하는 시간이기도 합니다. 감정을 다스리는 것 또한 자기 계발입니다. 당신도 정신적인 자기 계발을 통해 견고한 마음을 갖추십시오. 상처를 안 받으려면 크게 생각해야 합니다.

생각이 작으면 말 한 마디가 크게 느껴집니다.

크게 생각하려면 정신적인 자기 계발이 필수입니다.

사람은 자기보다 큰 것에 흔들립니다. 감당하기 힘든 말 한마디에 흔들립니다. 감당하기 힘든 돈이 생기면 흔들립니다. 감당하기 힘든 시련이 오면 흔들립니다. 흔들리지 않으려면 내면이 크게 성장해야 합니다. 흔들리더라도 다시 일어나려면 강해져야 합니다.

마음의 상처를 안 받으려면 성장하고 발전하는 삶에 초점을 맞춰야 합니다. 나는 끊임없는 자기 계발을 통해 날마다 성장하고 발전했습니다. 내적인 성장과 외적인 성장을 했습니다. 외적인 것과 내적인 것에 한계는 없습니다. 그런 것은 사람이 정한 것입니다.

내적인 생각의 크기는 자신이 정한 한계입니다. 그 한계를 초월해야 합니다. 크게 성장하는 삶을 살면 상처 받지 않습니다. 상처를 받는다 해도 쉽게 회복합니다. 큰 성장을 꿈꾸십시오.

당신도 성장하는 삶을 사십시오. 정신적인 크기보다 상처를 작게 여기십시오. 상처 받지 않으려면 마음에 큰 방벽이 필요합니다. 또한 상처를 치유하려면 상처보다 더 큰 회복력이 필요합니다.

당신의 성장하는 삶을 축복합니다.

내 힘을 다 빼고 용서하라

내 힘을 뺄 때 성령님의 능력이 나타난다

당신은 힘을 빼고 전도합니까?

나는 내가 하는 모든 일에 힘을 뺍니다. 내가 힘을 빼는 순간부터 성령님이 일하시기 때문입니다. 특히 나는 전도할 때 힘을 뺍니다.

전도할 때 성령님께 도움을 부탁하고 그분께 다 맡깁니다.

그래서 전도할 때마다 내 마음은 가볍고 평온하고 행복합니다.

나는 아침에 일하러 가면서 전도하고 일을 마치고 집으로 오는 길에도 전도합니다. 이때 나는 암송한 말씀을 중얼거립니다.

"주여, 이제도 그들의 위협함을 굽어 보시옵고 또 종들로 하여금 담대히 하나님의 말씀을 전하게 하여 주시오며 손을 내밀어 병을

낮게 하시옵고 표적과 기사가 거룩한 종 예수의 이름으로 이루어지게 하옵소서."(행 4:29~30)

어느 날은 집 앞에 다다랐을 때 할아버지 한 분을 만났습니다.

그분께 복음을 전했습니다. 그러자 그분은 내게 "이제 곧 죽을 사람인데 왜 예수를 믿어야 해요?"라고 대답했습니다. 나는 "예수님을 믿으면 지금 죽어도 천국에 갑니다. 이 사실을 믿으면 나를 따라 아멘이라고 말하세요"라고 말했습니다. 절대 아멘 하지 않을 것 같은 할아버지가 내 눈을 빤히 쳐다보더니 "아멘" 하고 말했습니다.

나는 전도지를 주며 "예수님이 우리의 모든 질병을 다 가져갔습니다. 교회에 오세요"라고 말했습니다. 전도는 이렇게 쉽습니다.

당신도 전도할 때 힘을 빼고 지혜와 총명의 신이신 성령님께 모든 걸 맡기십시오. "이는 그가 모든 지혜와 총명을 우리에게 넘치게 하셨다"(엡 1:8)고 했습니다. 전도할 때 성령님이 지혜와 총명을 주십니다. 전도는 결코 내 힘과 지혜로 하는 것이 아닙니다.

우리가 볼 때 안 될 것 같은 일들이 성령님께서 손가락 하나만 까닥하시면 다 됩니다. 성경을 통해 우리는 그 사실을 너무나 잘 압니다. "주의 손가락으로 만드신 주의 하늘과 주께서 베풀어 두신 달과 별들을 내가 보오니"(시 8:3)라고 했습니다.

주의 손가락은 지금 우리의 손가락을 통해 일하십니다. 그래서 제자들이 "우리로 하여금 손을 내밀어 병을 낫게 하시옵고"라고 기도했던 것입니다. 우리 몸은 성령님이 거하시는 성전입니다.

"너희는 너희가 하나님의 성전인 것과 하나님의 성령이 너희 안에 계시는 것을 알지 못하느냐."(고전 3:16)

흐느적거리며 전혀 힘을 쓰지 못하던 천한 손이 성령님의 능력이 강하게 나타나면 권능의 손이 되고 사람을 살리는 손이 됩니다.

왜 사람을 살리는 손이 될까요?

첫째, 안수해 주는 손이 되었기 때문입니다.

둘째, 책을 써서 복음을 전하는 손이 되었기 때문입니다.

셋째, 하나님께서 성경에서 먹으라고 한 '곡채과소양가생'(곡식, 채소, 과일, 소고기, 양고기, 가금류, 생선)으로 요리하는 부지런한 요리사의 손이 되어 가족의 건강을 챙기기 때문입니다.

넷째, 전도지를 나눠주며 사람들에게 하나님의 따뜻한 마음을 전하는 아름다운 손이 되었기 때문입니다.

다섯째, 손으로 번 돈으로 영혼을 살리는데 쓰기 때문입니다.

영혼 구원에 미치지 않으면 죽을 때가 된 것이다

당신은 매일 전도하는 사람입니까?

내가 쓴 책 〈실천하는 용기〉에 이런 글이 있습니다.

"영혼 구원에 미치지 않으면 죽을 때가 된 것이다."

복음을 깨닫기 전의 내 삶은 돼지처럼 먹고 자는 게 다였습니다.

영혼 구원에 대한 생각은 꿈조차 꾸지 못했습니다. 성령님을 몰랐기에 나 자신조차 감당하기 힘든 삶이었으니 누구를 전도하겠습니까? 사람은 자고로 마음에 있는 게 얼굴에 나타납니다. 복음을 몰랐을 때 내 얼굴은 어둡고 우울했습니다. "물에 비치면 얼굴이 서로

같은 것 같이 사람의 마음도 서로 비치느니라."(잠 27:19)

그런 내가 성령님의 은혜로 바뀌었습니다. 내 마음은 의성건부지 평생 곧 의와 성령 충만, 건강과 부요, 지혜와 평화와 생명으로 가득해지고 단단하고 견고한 성이 되었습니다. 반석 같은 마음이 되었습니다. 나는 진실로 내 마음에 있는 걸 사람들에게 전합니다.

내 마음에 무엇이 있을까요? 복음으로 인한 평화입니다.

"그가 찔림은 우리의 허물 때문이요 그가 상함은 우리의 죄악 때문이라. 그가 징계를 받음으로 우리는 평화를 누리고 그가 채찍에 맞음으로 우리는 나음을 받았도다."(사 53:5)

세상이 줄 수 없는 평화가 내게 임했습니다. 나는 절대 이 사실을 부인할 수 없습니다. 진실로 그렇습니다. 내게 주어진 이 평화가 한없이 감사하고 감격스럽습니다. 도저히 내 삶에 있을 수 없는 일이 성령님을 통해 일어났습니다. 복음의 능력입니다.

잠언에는 "여호와를 경외하라"는 말씀이 많이 나옵니다. 잠언은 하나님의 자녀들이 이 세상을 어떻게 살아야 할지 가르칩니다.

우리는 천국 가는 날까지 하나님만 경외해야 합니다.

왜 그래야 할까요?

첫째, 그것이 지혜의 근본이기 때문입니다.

지혜는 곧 예수 그리스도입니다. 예수님은 지혜의 왕인 솔로몬에게 지혜를 주신 분이며, 솔로몬보다 억만 배나 크신 분입니다.

우리는 하나님을 두려워하는 마음으로 섬겨야 합니다. 예수 그리스도의 일곱 가지 속량의 은혜를 온전히 믿고 살아야 합니다.

이것이 지혜로운 삶이며 하나님을 경외하는 삶입니다.

"여호와를 경외하는 것이 지혜의 근본이요 거룩하신 자를 아는 것이 명철이니라."(잠 9:10)

악인들은 그렇지 않습니다. 예수님께서 다 이룬 속량의 은혜를 짓밟고 자신의 율법의 행위로 구원을 이루려고 노력합니다.

하나님은 그런 자들을 비웃으십니다. "세상의 군왕들이 나서며 관원들이 서로 꾀하여 여호와와 그의 기름 부음 받은 자를 대적하며 우리가 그들의 맨 것을 끊고 그의 결박을 벗어 버리자 하는도다. 하늘에 계신 이가 웃으심이여, 주께서 그들을 비웃으시리로다. 그때에 분을 발하며 진노하사 그들을 놀라게 하여 이르시기를 내가 나의 왕을 내 거룩한 산 시온에 세웠다 하시리로다."(시 2:2~6)

둘째, 하나님께서 베풀어 주신 은혜가 심히 크기 때문입니다.

나는 내게 베풀어 주신 한없는 성령님의 은혜만 생각합니다. 그래서 날마다 전도하는 일로 남은 인생을 다 보내고 있습니다.

내가 이렇게 책을 쓰는 것도 오직 전도하기 위함입니다. 나는 직접 사람들을 만나 일대일로 전도하고 또 책을 통해 전도합니다.

나는 전도하기 위해 오신 성령님을 경외합니다.

성령님이 내 삶의 전부라고 생각합니다. 우리가 성령님을 뜨겁게 사랑하면 저절로 전도하고 싶어집니다. 성령님께 미치면 전도에 미치게 됩니다. 전도하므로 영혼을 구원하는 것이 가장 큰 일입니다. 전도는 아무나 못합니다. 오직 성령이 임한 사람만 합니다. 이것이 성령님께서 내게 부어 주신 은혜입니다. 성령님은 돼지처럼 먹고 자고 하는 삶이 아닌 사람답게 살게 하려고 나를 찾아 오셨습니다.

사람다운 삶은 전도하므로 영혼을 구원하는 삶입니다.

셋째, 하나님을 경외하지 않으면 마귀에게 휘둘리게 됩니다.

인생은 딱 두 가지입니다. 하나님을 경외하느냐 만물에 휘둘리느냐 입니다. 우리는 날마다 하나님을 경외하는 삶을 선택해야 합니다. 우리 힘으로 안 됩니다. 성령님께 도움을 구하십시오.

"성령님, 오늘도 성령님만 경외하게 해주세요. 부탁합니다."

성령님, 예수님만 자랑하게 해주세요

당신은 지혜로 말미암아 생명이 길어졌습니까?

지혜는 예수님입니다. 예수님이 십자가에서 우리의 어리석음을 담당하셨습니다. 우리는 이 사실을 믿음으로 그리스도 안에 지혜와 총명이 넘치는 천재적인 사람이 되었습니다. "이는 그가 모든 지혜와 총명을 우리에게 넘치게 하셨다"(엡 1:8)고 했습니다.

나는 지혜와 총명의 신이신 성령님의 은혜로 인해 내 생명이 길어졌습니다. 나는 장수할 것입니다. "나 지혜로 말미암아 네 날이 많아질 것이요 네 생명의 해가 네게 더하리라."(잠 9:11)

입이 미련한 자는 멸망합니다. 우리가 하는 말이 땅에 떨어져 열매를 맺습니다. 입이 미련한 자의 삶은 평안이 없습니다. 마음이 지혜로운 자는 하나님의 말씀대로 살며, 그 길이 바른길이라 평온합니다. 하지만 악인들은 예수 그리스도가 십자가에서 다 이룬 복음을 대적하기 때문에 구부러진 길을 갑니다. 이는 악한 행위입니다.

"마음이 지혜로운 자는 계명을 받거니와 입이 미련한 자는 멸망하리라. 바른 길로 행하는 자는 걸음이 평안하려니와 굽은 길로 행하는 자는 드러나리라. 눈짓하는 자는 근심을 끼치고 입이 미련한 자는 멸망하느니라. 의인의 입은 생명의 샘이라도 악인의 입은 독을 머금었느니라."(잠 10:8~11)

의인의 입은 오직 예수 그리스도가 다 이룬 일곱 가지 속량의 은혜에 근거를 둡니다. 나는 입을 열어 영혼을 살리는 복음만 전합니다.

복음의 능력으로 인해 나는 새로운 피조물이 되었습니다.

그리스도 안에서 나는 누구일까요? 일곱 가지입니다.

"나는 의인이다."(롬 1:17)

"나는 성령 충만하다."(요 7:38)

"나는 건강하다."(마 8:17)

"나는 부요하다."(고후 8:9)

"나는 지혜롭다."(엡 1:8)

"나는 평화를 가졌다."(사 53:5)

"나는 생명을 가졌다."(요 6:47)

성경은 "다 이루었다"(요 19:30) "믿기만 하라"(눅 8:50)고 말씀하지만 율법주의 행위를 가르치는 악인들은 자신의 땀과 눈물, 행위를 강조하며 자랑합니다. 이것은 영혼을 죽이는 독입니다.

바울은 율법주의 가르침에 속지 말라고 했습니다. "내가 너희에게서 다만 이것을 알려 하노니 너희가 성령을 받은 것이 율법의 행위로냐 혹은 듣고 믿음으로냐 너희가 이같이 어리석으냐 성령으로 시작하였다가 이제는 육체로 마치겠느냐."(갈 3:2~3)

우리는 구원을 얻기 위해 아무것도 하지 않았습니다.

하나님이 예수 그리스도를 통해 다 이루셨습니다. 그리고 하나님이 예수를 구주로 믿도록 우리에게 큰 믿음을 거저 주셨습니다.

성령이 있음도 듣지 못했던 내게 성령님이 일방적으로 찾아 오셔서 나를 만지셨습니다. 영이신 성령님이 나와 같이 눈과 코와 귀가 있고 따뜻한 가슴이 있다는 사실을 내게 나타내 주셨습니다.

나는 내가 뭘 하겠다고 기준을 세워 놓고 복을 받으려고 하지 않습니다. 행위로 응답을 받으려고 한 적도 없습니다. 그런 내게 성령님이 찾아 오셨습니다. 나는 십자가에 날마다 자신을 내려놓는 걸 자랑한 바울을 본받으며 살고 있습니다. 그는 고백했습니다.

"나는 날마다 죽노라."(고전 15:31)

우리는 날마다 죽어야 합니다. 바울이 얼마나 그리스도 안에 죽는 걸 좋아했으면 그런 자신의 삶을 자랑했을까요? 그가 성령님을 뜨겁게 사랑했기 때문입니다. 나도 내게 찾아오신 성령님을 뜨겁게 사랑합니다. 내 인생의 힘과 자랑, 위로와 전부가 되신 성령님 때문에 내가 살 의미를 가지게 되었고 행복이 강물처럼 넘칩니다.

성령님을 향한 내 마음을 시에 담아 봤습니다.

| 최고의 선택 |

복음으로

변화된 내 인생
내 마음을
성령님으로
꽉 채워 주신
은혜의 성령님

어쩌면 이렇게
부족한 내 인생에
전능한 성령님의
능력을 펼쳐 주시는가?

내게 없던
좋은 마음을
후욱 하고
불어넣어 주시고
아름답고 빛나는
삶을 살게 해 주신
고마우신 성령님

날마다
그리스도 안에서
나는 죽노라

성령님을
뜨겁게 사랑하기에
모든 걸 그분께
내려놓고 살기로
최고의 선택을 한다.

천국 가는
그날까지
영원히

바울은 자신이 어떻게 살아가는지 자세히 말했습니다. "내가 그리스도와 함께 십자가에 못 박혔나니 그런즉 이제는 내가 사는 것이 아니요 오직 내 안에 그리스도께서 사시는 것이라. 이제 내가 육체 가운데 사는 것은 나를 사랑하사 나를 위하여 자기 자신을 버리신 하나님의 아들을 믿는 믿음 안에서 사는 것이라."(갈 2:20)

어떻게 하면 날마다 죽을 수 있을까요?

첫째, 기도로 자아를 복종시키면 됩니다.

"성령님, 오늘도 예수님을 믿는 믿음으로 살게 해주세요."

둘째, 예수 이름으로 명령을 내리면 됩니다.

"예수 이름으로 명하노니 그리스도 예수 안에서 자아가 죽을지어다. 자아는 잠잠하고 고요하라."

셋째, 성령님께 부탁하면 됩니다.

"오늘도 성령님 자아를 죽여주세요. 부탁합니다."

넷째, 성령님을 뜨겁게 사랑하면 그분의 뜻을 따라 살게 됩니다.

사랑하면 상대방이 원하는 모든 걸 하고 싶어집니다. 예수님이 우리를 한없이 사랑해서 자신을 버리셨습니다. 사랑 안에 모든 것이 다 들어 있어 있습니다. 우리가 자랑할 건 복음뿐입니다.

티끌 같은 세상 만물을 자랑하지 말아야 합니다. 바울이 날마다 죽노라고 말한 것은 복음만 자랑하는 삶을 살겠다는 뜻입니다.

"내가 복음을 부끄러워하지 아니하노니 이 복음은 모든 믿는 자에게 구원을 주시는 하나님의 능력이 됨이라 먼저는 유대인에게요 그리고 헬라인에게로다. 복음에는 하나님의 의가 나타나서 믿음으로 믿음에 이르게 하나니 기록된 바 오직 의인은 믿음으로 말미암아 살리라 함과 같으리라."(롬 1:16~17)

마귀를 꾸짖고 대적하면 피한다

당신은 하루를 사는 동안 성령님께 더 큰 은혜를 구합니까?

나는 날마다 더 큰 은혜를 구합니다. 하루라도 그분의 은혜가 없으면 살아갈 수 없습니다. 우리는 성령님이 보시기에 너무나 연약한 존재이고 그런 인생이 성령님을 만나게 된 것은 큰 기적입니다.

많은 기적 속에 내 인생이 변화된 것만큼 큰 기적이 있을까요?

하나님께서 나에게 일방적인 은혜를 베풀어 주셨습니다. 예수님을 마음으로 믿고 입으로 시인하는 큰 은혜를 주신 것입니다.

"네가 만일 네 입으로 예수를 주로 시인하며 또 하나님께서 그를 죽은 자 가운데서 살리신 것을 네 마음에 믿으면 구원을 받으리라. 사람이 마음으로 믿어 의에 이르고 입으로 시인하여 구원에 이르느니라."(롬 10:9~10)

마귀는 호시탐탐 하나님의 자녀들을 믿음에서 끌어내리기 위해 발악합니다. 의심을 불어넣기도 하고 온갖 더러운 것들로 그들의 마음과 생각을 지옥으로 만들려고 합니다. 마음에 있는 게 생각으로 떠오릅니다. 마음을 지키기 위해서는 하나님의 말씀으로 무장해야 합니다. 그리고 예수 이름으로 명령을 내려야 합니다.

"말에나 일에나 다 주 예수의 이름으로 하라."(골 3:17)

부정적인 생각은 그냥 두지 말고 예수 이름으로 명령하십시오.

"예수 이름으로 명하노니 부정적인 생각은 사라져라."

예수 이름으로 명령을 내리면 어둠이 사라지고 등불이 켜집니다.

예수 이름은 어둠을 완전히 몰아냅니다. 더러운 귀신, 악한 영, 마귀가 예수 이름에 벌벌 떱니다. 무서워 떠나갑니다.

하나님의 말씀도 명령으로 주어집니다. 그 명령은 등불입니다.

"대저 명령은 등불이요 법은 빛이요 훈계의 책망은 곧 생명의 길이라. 이것이 너를 지켜 악한 여인에게, 이방 여인의 혀로 호리는 말에 빠지지 않게 하리라. 네 마음에 그의 아름다움을 탐하지 말며 그 눈꺼풀에 홀리지 말라."(잠 6:23~25)

뱀은 아름다웠습니다. 그는 아담과 하와에서 슬며시 다가와 그들이 홀딱 넘어갈 정도로 아름답게 말을 꾸몄습니다. 아담과 하와의 마음이 그 말의 아름다움에 넘어갔습니다. 성령님만 바라보던 눈이 흔들렸습니다. 그로 인해 온 인류에 더러운 죄가 왔습니다.

그때나 지금이나 마귀는 우리를 공격하기 위해 빈틈을 노리고 있습니다. 우리는 전신 갑주를 입고 마귀를 대적해야 합니다.

왜 마귀를 대적해야 할까요?

첫째, 마귀를 대적하지 않으면 마귀에게 공격받아 지옥 같이 살게 되기 때문입니다. 우리가 이 땅에 살 동안 정말 많이 써야 할 게 있다면 '예수 이름의 권세'입니다. 우리의 몸은 하나님의 성전입니다. 반석 되시는 그리스도가 우리 안에 실제로 살아 계십니다.

"너희는 너희가 하나님의 성전인 것과 하나님의 성령이 너희 안에 계시는 것을 알지 못하느냐."(고전 3:16)

하나님의 성전인 우리 몸을 지키려면 마귀를 대적해야 합니다.

마귀는 어떻게든 우리 몸을 차지하려고 애씁니다. 그리고 하나님의 성전인 우리 몸을 두고 "내 집이다"라고 주장합니다.

"내가 나온 내 집으로 돌아가리라."(마 12:44)

내 몸을 지키는 비결은 예수 이름으로 명령을 내리는 것입니다.

당신에게 다가오는 마귀의 공격을 느낀다면 즉시 예수 이름으로 명령하는 습관을 가지십시오. 마귀가 발을 못 붙이게 하십시오.

"첫 전투에서 일격에 적을 섬멸하라"는 '초전박살'이라는 말도 있습니다. 시간은 생명 같이 귀하므로 일분일초도 마귀의 거짓말에 속지 말아야 합니다. "내가 이 반석 위에 내 교회를 세우리니 음부의 권세가 이기지 못하리라. 내가 천국 열쇠를 네게 주리니 네가 땅에서 무엇이든지 매면 하늘에서도 매일 것이요 네가 땅에서 무엇이든지 풀면 하늘에서도 풀리리라."(마 16:18~19)

둘째, 마귀를 대적하는 것이 당신이 해야 할 일이기 때문입니다.

하나님의 자녀들은 하나님이 지키십니다. 하나님의 영, 성령님이 당신 안에 계십니다. 성령님은 보혜사로 당신을 돕기 위해 오셨습니다. 하지만 그분은 혼자 일하지 않고 당신을 통해 일하십니다. 그러므로 당신이 예수 이름으로 명령하며 마귀를 대적해야 합니다.

"너희가 내 이름으로 귀신을 쫓아내라."(막 16:17)

성경은 "마귀를 대적하라. 그러면 너희를 피하리라"고 했습니다.

날마다 마귀를 대적하십시오. 성경 말씀대로 실천하십시오.

옛날에 성경은 내게 일반 책과 다를 게 없었습니다. 그래서 관심도 없었고 보지도 않았고 그냥 집에 두고 가끔 가는 교회에 들고 갔다 오는 게 다였습니다. 성경을 모르니 마귀에게 계속 당했습니다. 교회는 다녔지만 지옥이나 다름없는 삶을 살았습니다.

성경을 모르니 예수 이름의 권세를 어떻게 사용하는지도 몰랐습니다. 어둠의 자식들처럼 어둠 속에 갇혀 죽지 못해 사는 비참한 인생이었습니다. 그런 내게 성령님의 한없는 은혜가 쏟아졌습니다.

그분은 여러 가지로 내게 자신의 살아 계심을 나타내셨고 나의 남은 인생을 마귀를 대적하고 복음을 전하면서 천국 같이 살다가 천국에 가라고 나를 기도와 말씀으로 무장시켜 주셨습니다.

우리의 마음과 생각을 관리하는 건 우리가 해야 할 일입니다.

잠언 4장 23절에 "무릇 지킬 만한 것보다 더욱 네 마음을 지키라. 생명의 근원이 이에서 남이니라"고 했습니다. 누가 지킵니까? 내가 지켜야 하는 것입니다. 다른 누가 지켜 주지 않습니다. 그리고 내 힘만으로는 감당이 안 되기 때문에 성령님께 도움을 구해야 합니다. 나는 나 혼자 그것을 못하기 때문에 날마다 성령님께 도움을 구합니다. 하루를 살면서 순간마다 성령님께 도움을 부탁합니다.

"성령님, 오늘도 제 삶을 주장해 주세요. 제 입을 주장해 주세요. 예수 이름으로 명령 내릴 게 있으면 제 입을 통해 내려 주세요."

성령님, 주의 말씀을 사랑하게 해주세요

당신은 성경을 얼마나 사랑합니까?

나는 뒤늦게 성경을 사랑하게 되었습니다. 성령님의 만지심 때문입니다. 성령님이 만지시면 주위 사람들이 어떻게 변할지 아무도 모릅니다. 나 자신을 보면 그 사실이 더욱 확실합니다.

디모데는 어릴 때부터 성경을 알았습니다. "네가 어려서부터 성경을 알았나니 성경은 능히 너로 하여금 그리스도 예수 안에 있는 믿음으로 말미암아 구원에 이르는 지혜가 있게 하느니라. 모든 성경은 하나님의 감동으로 된 것으로 교훈과 책망과 바르게 함과 의로 교육하기에 유익하니 이는 하나님의 사람으로 온전하게 하며 모든 선한 일을 행할 능력을 갖추게 하려 함이라."(딤후 3:15~17)

나는 디모데와 달리 구역 예배나 교회에 가면 잠깐 성경을 펼칠 뿐 혼자 있을 때 성경을 제대로 읽어본 적이 없었습니다.

그런 내게 성령님의 큰 손, 은혜의 손이 임했습니다. 성령님은 내 속에 역사하셨고 나를 통해 일하셨습니다. 나는 전능하신 성령님의 손이 되어 불 같이 일하게 되었습니다. 성령님은 내가 주님께로부터 받은 은혜의 복음을 온 땅에 전하도록 부지런히 손을 움직이게 만드셨습니다. 지금 이렇게 책을 쓰는 것도 손으로 하는 일입니다.

내 손이 사람을 살리는 손이 되었다는 것이 꿈만 같습니다.

강력한 성령의 체험과 함께 내게 주어진 것은 성경이었습니다.

갑자기 성경을 읽고 싶은 불타는 열정이 내 마음과 생각을 주장했습니다. 그래서 성령을 체험하고 방언을 하면서부터는 성경을 계속 읽었습니다. 하나님 사랑, 성경 사랑이 동시에 생겼습니다.

다윗 왕은 말씀이 어찌나 좋았던지 시편에 자신의 그런 마음을 고스란히 담았습니다. "주께서 나를 가르치셨으므로 내가 주의 규례들에서 떠나지 아니하였나이다. 주의 말씀의 맛이 내게 어찌 그리 단지요 내 입에 꿀보다 더 다니이다."(시 119:102~103)

또한 그는 겸손한 마음으로 하나님께 주의 말씀을 더욱더 알고 싶다고 고백했습니다. "주의 증거들은 놀라우므로 내 영혼이 이를 지키나이다. 주의 말씀을 열면 빛이 비치어 우둔한 사람들을 깨닫게 하나이다. 내가 주의 계명들을 사모하므로 내가 입을 열고 헐떡였나이다."(시 119:129~131)

복음을 몰라 우둔하게 살던 나였습니다. 그런 내게 주의 말씀을 들고 찾아오신 성령님께 감사만 나올 뿐입니다. 나는 성경이 너무 좋아 하루 종일 성경만 읽어도 좋습니다. 성령님의 은혜가 임한 하나님의 자녀라면 누구나 그럴 것입니다.

성경과 하나님의 자녀들은 떼려야 뗄 수없는 사이입니다.

성경은 곧 하나님, 예수님, 성령님, 복음 이야기이기 때문입니다.

우리는 빛의 자녀입니다. 성경은 빛을 비추는 주의 말씀입니다.

"주의 말씀은 내 발에 등이요 내 길에 빛이니이다."(시 119:105)

우리는 성경을 읽을 때 반드시 성령님께 깨달음을 달라고 도움을 구하며 읽어야 합니다. 왜 그럴까요?

첫째, 사람마다 성경을 보는 시각이 다르기 때문입니다.

사람마다 자신이 보고 느끼는 대로 성경을 자유롭게 해석합니다. 우리는 성경을 읽을 때 성령님의 시선으로 성경을 보고 성령님의 마음으로 느끼게 해 달라고 성령님께 도움을 구해야 합니다. "너는 범사에 그를 인정하라. 그리하면 네 길을 지도하시리라."(잠 3:6)

성령님께 깨달음을 달라고 도움을 구해야 합니다. 나는 많은 경우 영의 기도인 방언을 말하면서 성경을 읽습니다. 성경 책 말고도 내가 읽는 복음적인 책마다 그렇게 합니다. 그래서 깨달음이 넘칩니다. 성령님의 시선과 마음으로 성경을 보고 느끼기 때문입니다.

둘째, 성경을 기록한 분이 하나님이시기 때문입니다.

성경은 하나님의 말씀이고 하나님의 뜻입니다. 하나님은 우리가 성경을 정확하게 깨닫기를 원하시는데, 우리가 성경을 깨달은 만큼 이 땅에서 누릴 수 있다는 것을 잘 알고 계시기 때문입니다.

나의 하나님은 나의 행복을 위해 찾아오셨습니다. '나의 하나님'을 만난 것이 내 인생에 그 무엇으로도 바꿀 수 없는 큰 행복입니다.

"하나님의 나라는 너희 안에 있느니라."(눅 17:21)

가슴 터질 듯한 행복한 내 마음을 시로 담아 보았습니다.

| 창밖 풍경을 보며 |

성령님 때문에
내 가슴에
터질 듯한 행복이
가득하다.

마음에서 흐르는
행복 가득한 눈물이
이내 눈가에 듬뿍 고인다.

내 앞에 놓인

진한 커피를 보며
성령님과 진한 사랑을 나눈다.

통유리로 된
럭셔리한 카페에 앉아
창밖의 풍경을 보며
나를 향한 성령님의
뜨거운 사랑을 느낀다.

하루를 사는 동안
자신의 사랑을
내게 보여주시려고
나를 이끄시는 성령님

성령님의 사랑을
받고 사는 나는
참으로 행복한 사람

내 마음은
오늘도 아름다운
감동의 물결이 흐른다.

영원한 생수로
내 인생에 찾아오신 성령님,
억만 번이나 감사합니다.
당신만이
나의 만족, 나의 행복
나의 전부이십니다.

당신은 그리스도 안에서 강한 왕이다

당신은 마음에 지혜가 들어 왔습니까?

예수님을 믿는 사람은 누구나 그 마음에 지혜가 들어옵니다.

지혜는 곧 예수님이십니다. 잠언 2장 10절에 "곧 지혜가 네 마음에 들어가며 지식이 네 영혼을 즐겁게 할 것이요"라고 했습니다.

성경 말씀을 아는 지식은 우리 영혼을 즐겁게 합니다.

성경을 읽으면 성경에 대한 지식을 갖게 됩니다. 혹시 예수님을 믿지만 성경을 잘 몰라 어리석다고 생각하며 살지 않았습니까?

나는 나 자신의 정체성을 발견하지 못하고 지옥 같이 살다가 천국에 갈 사람이었습니다. 내 마음에 성령님이 들어오셨지만 마귀의 거짓말에 속아 마음이 더러웠고 온통 어두운 생각뿐이었습니다.

복음은 그런 내 마음에 빛을 비추고 내 인생의 우선순위를 바꾸어 놓았습니다. 이제 나는 날마다 시간을 정해 성경을 읽습니다.

성경을 읽으면 내 영혼이 즐겁습니다.

보배로우신 예수님은 질그릇 같이 연약한 내 안에 살아 계십니다. 나는 비록 질그릇처럼 약하지만 내 안에 계신 그리스도는 강합니다. 나는 예수님이 십자가에서 다 이룬 복음을 온전히 믿고 인정합니다. 복음으로 내 마음을 단단히 무장합니다. 바울은 말했습니다. "우리가 이 보배를 질그릇에 가졌으니 이는 심히 큰 능력은 하나님께 있고 우리에게 있지 아니함을 알게 하려 함이라."(고후 4:7)

나는 이렇게 결심했습니다.

"천국 가는 날까지 보배이신 예수님만 사랑합니다. 예수님만 전합니다. 예수님만 높입니다. 예수님만 자랑합니다."

당신도 이런 마음을 가지기 바랍니다.

이것이 그리스도인의 올바른 자세와 태도입니다.

우리는 질그릇을 자랑하지 말고 보배를 자랑해야 합니다.

보배는 '예수님'과 '예수님이 십자가에서 다 이룬 복음'입니다.

바울은 설교할 때 오직 이 보배만 자랑하기로 작정했습니다.

"내가 너희 중에서 예수 그리스도와 그가 십자가에 못 박히신 것 외에는 아무 것도 알지 아니하기로 작정하였음이라."(고전 2:2)

나도 천국 가는 날까지 그렇게 살기로 했습니다.

예수 그리스도는 지금 내 안에 실제로 살아 계십니다.

고린도후서 5장 17절에 말씀했습니다. "그런즉 누구든지 그리스도 안에 있으면 새로운 피조물이라. 이전 것은 지나갔으니 보라 새 것이 되었도다." 성령 안에 우리는 다시 태어난 존재입니다. 질그릇 같은 우리는 강한 마음을 소유한 사람입니다. 왜 그럴까요?

첫째, 나를 부인하고 주님만 인정하기 때문입니다.

나는 그리스도 안에서 다시 태어난 존재입니다. 내 인생의 주체가 되시는 주님을 만났기 때문입니다. 나는 참으로 복이 넘치는 사람이라고 자부할 수 있습니다. 그 이유는 내 인생을 책임지고 인도해 줄 분을 만났기 때문입니다. 그분이 바로 성령님이십니다.

정말 나는 인생을 어떻게 살지 아무것도 몰랐습니다. 앞날이 보이지 않았습니다. 그러기에 눈물이 앞을 가리는 날이 수없이 많았습니다. 그런 내 인생에 온전히 의뢰할 분이 찾아 오셨습니다.

"나는 여호와를 향하여 말하기를 그는 나의 피난처요 나의 요새

요 내가 의뢰하는 하나님이라 하리니."(시 91:2)

나는 날마다 기도로 주님 앞에 나를 내려놓습니다.

내 안에 강한 마음을 소유하신 주님만 온전히 신뢰합니다.

둘째, 왕 같은 제사장이기 때문에 마음이 강합니다.

왕은 마음이 강합니다. 마음이 강해야 온 천하에 다니며 만민에게 복음을 전할 수 있습니다. 예수님을 믿는 사람은 누구나 왕 같은 제사장이고 그의 택한 백성입니다. 우리 안에 만왕의 왕이신 예수님이 살아 계십니다. 우리는 세상에서 왕 노릇해야 합니다.

"은혜와 의의 선물을 넘치게 받은 자들은 한 분 그리스도를 통하여 생명 안에서 왕 노릇하리로다."(롬 5:17)

나는 책 출간으로 전도하고 선교한다

당신은 책으로 전도합니까?

나는 책으로 전도합니다. 책 전도의 힘은 엄청납니다.

다윗 왕은 날마다 책을 써서 복음을 전했습니다. 그는 죽었지만 성경을 남겼기 때문에 후대까지 그의 믿음이 전해지고 있습니다. 우리도 하루 이틀이 아닌 천국 가는 날까지 전도해야 합니다.

"여호와께 노래하여 그의 이름을 송축하며 그의 구원을 날마다 전파할지어다. 그의 영광을 백성들 가운데에, 그의 기이한 행적을 만민 가운데에 선포할지어다."(시 96:2~3)

사람마다 삶이 다르고 성령님과의 만남도 다릅니다.

성령님은 각 사람마다 기이한 일을 다르게 행하십니다.

시편 기자는 노래했습니다. "내가 전심으로 여호와께 감사하오며 주의 모든 기이한 일들을 전하리이다."(시 9:1)

인생이란 정말 어떻게 될지 아무도 모릅니다.

벌레처럼 꿈틀거리며 먼지 같이 작은 생각에 빠져 살던 내게 성령님이 찾아 오셔서 딴 사람이 되게 할 줄 누가 알았겠습니까?

의사도 고치지 못하는 마음의 병에 걸려 죽을 날이 얼마 남지 않았던 내 병을 성령님이 오셔서 깨끗하게 치유해 주셨습니다.

시편 103편 1~2절의 내용이 가슴이 뜨거워지는 내 고백이 되었습니다. 이 구절을 떠올리며 암송할 때마다 내 눈에 뜨거운 눈물이 고이는 건 성령님의 은혜가 한없이 크고 감사하기 때문입니다.

복음에 대한 확신과 은혜와 감사의 마음가짐은 내 안에 계신 주님으로부터 시작됩니다. 주님과 동행하는 삶을 살기에 저절로 시편 103편 2절의 내용처럼 모든 사람들에게 복음을 전하게 됩니다.

"내 영혼아, 여호와를 송축하라. 내 속에 있는 것들아, 다 그의 거룩한 이름을 송축하라. 내 영혼아, 여호와를 송축하며 그의 모든 은택을 잊지 말지어다."(시 103:1~2)

여기서 '내 영혼과 내 속에 있는 것들'이 먼저입니다.

내가 먼저 하나님의 은혜를 누려야 한다는 말입니다.

하나님의 은혜는 어떤 것이 있을까요? "그가 네 모든 죄악을 사하시며 네 모든 병을 고치시며 네 생명을 파멸에서 속량하시고 인자와 긍휼로 관을 씌우시며 좋은 것으로 네 소원을 만족하게 하사 네 청춘을 독수리 같이 새롭게 하시는도다."(시 103:3~5)

그렇습니다. 먼저 하나님의 은혜로 내 모든 죄악이 사함 받고 내 모든 병이 고침 받고 내 생명이 파멸에서 속량 받아야 합니다. 내 소원이 만족케 되고 내 청춘이 독수리처럼 새로워져야 합니다.

그래야 "당신도 나처럼 은혜의 복음을 믿으면 행복해진다. 천국 같이 행복하게 살게 된다"는 확신에 찬 내용을 전하게 됩니다.

나는 성령님의 은혜로 말미암아 내 생명이 질긴 고무줄처럼 쭉쭉 늘어났고 수명이 몇 십 년 늘었습니다. 오래되어 삭아 곧 끊어질 고무줄이 아니라 영원한 생명이신 성령님께서 주신 힘으로 청년 같은 젊음과 건강, 생기와 힘, 지혜와 총명이 넘칩니다.

성령님의 은혜가 임하면 사람은 안하던 걸 하게 됩니다.

세상 노래를 그렇게 많이 불렀던 내가 즉시 끊고 찬양만 부르게 되었습니다. 또 책을 쓰고 말씀을 전하는 삶을 살게 되었습니다.

날마다 기도하고 전도하는 아름다운 인생을 살게 되었습니다.

나는 내 책을 들고 다니며 전도하는 걸 좋아합니다. 그래서 전도할 때 사용하려고 얼마 전에 〈세상에서 가장 좋은 성령님〉이라는 시집을 또 출간했습니다. 성령님의 은혜로 머리말 내용을 좀 많이 담아 전도용으로 사용하기 좋게 만들었습니다. 불신자들이 쉽게 복음을 깨닫게 될 것입니다. 당신도 책을 써내기 바랍니다.

"책에 써서 후세에 영원히 있게 하라."(사 30:8)

전부터 전도하던 음식점 사장님을 가게 앞에서 마주쳤습니다.

때마침 그분의 딸도 있었습니다. 몇 달 전에 두 사람에게 복음을 전하고 예수님을 영접시켰습니다. 나는 반갑다며 다시 복음을 전하며 전도지를 주고 딸에게는 내 시집을 선물했습니다. 그러자 딸이

깜짝 놀라며 "아니, 어떻게 이런 책을 쓰셨어요"라고 말했습니다.

내가 대답했습니다. "지혜와 총명이 넘치는 성령님이 제 안에 살아 계십니다. 성령님께서 지혜를 주셔서 책을 썼습니다."

옆에서 듣고 있던 사장님이 이해를 못했는지 "따로 공부하셨어요?"라고 물었습니다. 나는 다시금 지혜와 총명의 신이신 성령님 자랑을 했습니다. 성경은 분명히 말씀합니다. "이는 그가 모든 지혜와 총명을 우리에게 넘치게 하셨다."(엡 1:8) 당신도 그렇습니다.

처음 보는 아가씨가 와서 우리 이야기를 듣고 있었습니다.

나는 아가씨에게 누군지 물어봤습니다. 사장님의 작은 딸이라고 했습니다. 성령님의 지시로 아가씨를 영접시키고 전도했습니다.

당신도 책을 써내고 만나는 사람마다 전도하기 바랍니다.

내 인생에 기이한 일을 펼치시는 성령님

당신은 기이한 일을 행하시는 성령님을 압니까?

막연하게 신앙생활을 했던 나는 오랫동안 성령님이 행하시는 기이한 일을 거의 경험하지 못했습니다. 사람의 생각과 달리 기이한 일을 펼치는 성령님에 대한 이야기가 성경 여러 군데 있습니다.

욥기에는 이런 말씀이 있습니다. "하나님은 헤아릴 수 없이 큰일을 행하시며 기이한 일을 셀 수 없이 행하시나니."(욥 5:9)

먼지 같이 작은 사람이 어떻게 전능하신 성령님이 우리를 향하신 계획을 다 알겠습니까? 우리는 거저 성령님의 음성을 듣고 나갈 뿐입니다. 우리의 발걸음을 인도하는 분은 성령님입니다. 시편 기자는 이렇게 기도했습니다. "나의 발걸음을 주의 말씀에 굳게 세우시고 어떤 죄악도 나를 주관하지 못하게 하소서."(시 119:133)

나는 예수 그리스도가 십자가에서 다 이룬 일곱 가지 속량의 복음을 들음으로 믿음이 생겼습니다. 마음은 생각을 담는 그릇입니다.

예전에 내 마음은 복음을 몰라 더러움이 가득했습니다. 불안과 두려움, 공포가 내게 꼬리표처럼 붙어 있었습니다. 그런 내 마음을 천국의 속성들로 단단한 마음이 되게 하시려고 성령님이 찾아 오셨습니다. 내 마음은 성령님 때문에 청결해졌습니다. "마음이 청결한 자는 복이 있나니 그들이 하나님을 볼 것임이요."(마 5:8)

믿음으로 성령님을 볼 수 있다는 것만큼 큰 행복이 있을까요?

나는 '성령님을 의식하며 사는 것처럼 행복한 삶이 있을까?'라고 생각합니다. "오직 의인은 믿음으로 말미암아 살리라"(롬 1:17)고 했습니다. 하나님이 기뻐하시는 것은 '오직 믿음'입니다.

나는 힘없고 나약한 존재가 아닌 온 땅을 호령하는 힘센 성령님이 한없이 좋습니다. 성령님 때문에 내 인생에 힘이 넘칩니다. 내 마음이 기쁩니다. 기이한 일들을 날마다 맛보며 삽니다.

나는 다윗처럼 성령님을 인격적으로 존중히 모시고 삽니다.

"내가 여호와를 항상 내 앞에 모심이여, 그가 나의 오른쪽에 계시므로 내가 흔들리지 아니하리로다. 이러므로 나의 마음이 기쁘고 나의 영도 즐거워하며 내 육체도 안전히 살리니."(시 16:8~9)

성령님으로 인해 내 마음이 흔들리지 않고 기쁩니다. 내 영도 즐겁고 육체도 안전합니다. 마음이 얼마나 중요하면 '나의 마음'이 먼저 나왔습니다. 성령님을 향한 나의 마음이 참 중요합니다.

하나님은 당신의 마음과 눈을 달라고 하십니다. "내 아들아, 네 마음을 내게 주며 네 눈으로 내 길을 즐거워할지어다."(잠 23:26)

그렇습니다. 하나님의 백성이 된 우리는 우리의 마음과 시선을 천국 가는 날까지 성령님께만 둬야 합니다. 왜 그래야 할까요?

첫째, 그러면 날마다 천국 같이 행복해집니다.

둘째, 하나님의 명령이기 때문입니다.

하나님께서 명령하신 것을 순종하면 우리에게 복입니다.

사실 하나님은 우리의 행복을 위해 그렇게 명령하신 것입니다.

우리를 너무나 사랑하기 때문입니다. 나는 어떤 대가를 치르더라도 성령님의 음성을 듣고 순종하기로 했고 또 성경 말씀대로 살았습니다. 그럴 때 그 모든 것이 내게 복이 되었습니다.

행복은 멀리 있는 게 아닙니다. 행복은 우리 안에 있습니다.

우리 안에 있는 행복한 마음은 성령님께로부터 온 것입니다.

성령님과 우리 마음이 하나가 되었기 때문입니다.

"성령님, 사랑합니다."

성령님, 마음을 지키게 해주세요

당신은 마음을 지킵니까?

사람이 마음을 지키는 게 얼마나 중요했으면 "무릇 지킬 만한 것보다 더욱 네 마음을 지키라"고 하나님께서 명령하셨을까요?

그 이유는 마음이 무너지면 모든 게 끝이기 때문입니다.

잠언 4장 20~23절에 "내 아들아, 내 말에 주의하며 내가 말하는 것에 네 귀를 기울이라. 그것을 네 눈에서 떠나게 하지 말며 네 마음속에 지키라. 그것은 얻는 자에게 생명이 되며 그의 온 육체의 건강이 됨이니라. 모든 지킬 만한 것 중에 더욱 네 마음을 지키라. 생명의 근원이 이에서 남이니라"고 했습니다.

우리의 마음을 지킬 수 있는 비결은 무엇일까요?

첫째, 성경을 읽으며 하나님의 말씀으로 마음을 지켜야 합니다.

하나님의 말씀에 가장 큰 능력이 있습니다. "하나님의 말씀은 살아 있고 활력이 있어 좌우에 날선 어떤 검보다 예리하여 혼과 영과 및 관절과 골수를 찔러 쪼개기까지 하며 또 마음의 생각과 뜻을 판단한다"(히 4:12)고 했습니다. 말씀의 능력을 믿으십시오.

눈에 보이는 칼은 우리를 하나도 변화시킬 수 없습니다.

칼로 인해 피가 나고 사람이 죽을 수도 있습니다. 하지만 하나님의 말씀의 검은 마음을 깨끗케 합니다. 말씀은 그리스도 예수 안에서 새로운 피조물이 된 우리를 이 땅에서 천국 같이 행복하게 살게 합니다. 예리한 검에 하나님의 한없는 사랑이 담겨 있습니다.

둘째, 성령님께 도움을 부탁하면 됩니다.

나는 하루를 시작할 때 "성령님, 오늘도 성령님의 마음으로 살게 해 주세요"라고 부탁합니다. 성령님은 부탁하면 다 들어 주십니다.

그리고 "내 안에 하나님의 마음이 가득해"라고 말합니다.

우리의 마음은 왔다 갔다 할 수 있습니다. 하지만 성령님께 부탁하면 우리의 마음이 온통 주님께로 가게 됩니다. 이렇게 쉬운 삶이 있을까요? 하나님은 우리가 이렇게 성령님을 전적으로 의지해서 자유를 누리며 살라고 보혜사 성령님을 보내셨습니다.

"진리의 성령이 오시면 그가 너희를 모든 진리 가운데로 인도하시리니 그가 스스로 말하지 않고 오직 들은 것을 말하며 장래 일을 너희에게 알리시리라. 그가 내 영광을 나타내리니 내 것을 가지고 너희에게 알리시겠음이라."(요 16:13~14)

진리가 나를 자유롭게 했습니다. 진리는 곧 예수님입니다.

성령님은 우리를 진리 가운데로 인도하시며 예수님의 영광을 나타내십니다. 누구든지 그 사람 속에 계신 예수님의 영광이 바깥으로 나타나게 되면 천박한 사람이 존귀한 사람으로 바뀝니다.

당신 안에 예수 그리스도 영광의 빛이 가득합니다.

나는 마귀의 계략에 속아 하나님의 영광이 나타나지 못한 적이 많았습니다. 하지만 그런 지난날보다 앞으로 살날이 내게는 더 많습니다. 진리의 영이신 성령님의 은혜 때문에 내 잔이 넘칩니다.

내가 평생 의지하고 살 성령님을 만난 게 내 인생에 있어 가장 큰 만남의 축복입니다. 의지하면 할수록 좋은 분이 바로 성령님이십니다. 그러므로 내 마음은 항상 성령님만 의지합니다. 당신도 성령님만 의지하기 바랍니다. "귀인들을 의지하지 말며 도울 힘이 없는 인생도 의지하지 말지니라."(시 146:3)

성령님 앞에 잠잠하게 해주세요

당신은 성령님 앞에 잠잠합니까?

이 말은 영혼이 성령님 앞에서 잠잠한 것을 의미합니다.

이런 삶은 평온이 넘칩니다. 시편 62편에 다윗은 '잠잠히'라는 말을 두 번 했고 또 '내가 흔들리지 않는다'고 두 번 말했습니다.

나는 한강 같은 성령님이 내 안에 살아 계신다는 복음을 깨닫고 나서 내 입술이 찬양으로 덩실덩실 춤추기 시작했습니다. 내 영혼을 다 쏟아 '나의 영혼이 잠잠히'라는 찬양을 즐겨 부르곤 했습니다.

입을 열어 찬양하면 그 찬양의 열매가 땅에 떨어지지 않습니다.

찬양도 말이기 때문입니다. 날마다 요동치던 내 영혼이 성령님 앞에 잠잠하며 살게 되었고 그로 인해 흔들리지 않게 되었습니다.

성령님 앞에 잠잠한 삶은 내 힘으로 되지 않습니다. 그러므로 나는 이렇게 도움을 구합니다. "성령님, 오늘도 잠잠하게 해주세요."

다윗은 시편 62편 1~7절에 이렇게 노래했습니다.

"나의 영혼이 잠잠히 하나님만 바람이여, 나의 구원이 그에게서 나오는도다. 오직 그만이 나의 반석이시요 나의 구원이시요 나의 요새이시니 내가 크게 흔들리지 아니하리로다. 넘어지는 담과 흔들리는 울타리 같이 사람을 죽이려고 너희가 일제히 공격하기를 언제까지 하려느냐? 그들이 그를 그의 높은 자리에서 떨어뜨리기만 꾀하고 거짓을 즐겨 하니 입으로는 축복이요 속으로는 저주로다. 셀라. 나의 영혼아, 잠잠히 하나님만 바라라. 무릇 나의 소망이 그로부터 나오는도다. 오직 그만이 나의 반석이시요 나의 구원이시요 나의 요새이시니 내가 흔들리지 아니하리로다. 나의 구원과 영광이 하나님께 있음이여, 내 힘의 반석과 피난처도 하나님께 있도다."

나는 중학교 때부터 입을 열면 신세 한탄하는 세상 노래만 줄기차게 불렀습니다. 그러니 내게 행복한 삶이 주어졌겠습니까?

어떤 사람은 태어날 때부터 웃기를 잘합니다. 또 어떤 사람은 태어날 때부터 긍정적이고 낙천적입니다. 애교를 잘 떠는 사람도 있습니다. 하지만 아무리 불행하고 비참한 사람이라도 성령님의 은혜가 임하면 "저 사람이 누구야" 하고 못 알아 볼 정도로 싹 바뀝니다.

나는 후자에 속합니다. 성령님의 은혜가 내 인생을 웃게 만들었고 긍정적이고 낙천적으로 만들었습니다. 내게 있어 좋은 것은 거의 없었는데 이제는 많습니다. 내 안에 살아 계신 주님으로부터 흘러나온 것입니다. 하루를 살면서 내게 주신 성령님의 은혜가 한없이 감사해 종종 뜨거운 눈물을 흘리며 이런 고백을 하곤 합니다.

"성령님, 기도도 안 하고 성경도 안 읽던 제게 기도하고 성경 읽는 삶을 살게 해 주셔서 억만 번이나 감사합니다. 죄로 얼룩진 삶을 살던 제가 뭐라고 찾아 오셔서 이렇게 큰 은혜를 베풀어 주셨습니까? 감사해서 눈물만 납니다. 천국 같이 살도록 제 인생을 온전한 복음으로 아름답게 수놓아 주셔서 억만 번이나 감사합니다."

하나님의 자녀들은 기도해야 합니다. 왜 그럴까요?

첫째, 기도는 성령님 앞에 마음을 토하는 것입니다.

"백성들아, 시시로 그를 의지하고 그의 앞에 마음을 토하라. 하나님은 우리의 피난처시로다. 셀라."(시 62:8)

나는 날마다 성령님의 은혜로 기도에 푹 빠져 삽니다. 기도하면 성령님을 더욱더 의지하게 됩니다. 기도하면서 성령님 앞에 모든 걸 토하면 성령님이 책임지고 일해 주시고 모든 문제를 해결해 주십니다. 나는 아무것도 할 수 없기에 성령님 앞에 엎드리고 내 모든 걸 내려놓습니다. 그래서 기도하는 삶이 한없이 좋습니다.

모태 신앙으로 어릴 때부터 기도하는 사람이 있는가 하면 나는 성령님의 은혜로 뒤늦게 기도하는 사람이 되었습니다. 그래도 행복합니다. "기도하는 자녀의 권세를 주신 하나님, 감사합니다."

둘째, 기도는 하나님의 자녀들이 마땅히 해야 하는 것입니다.

우리는 하나님과 우리 사이에 막힌 담을 허신 예수님을 생각하며 마음껏 제한 없이 하나님 아버지에게 모든 걸 구해야 합니다. 그것이 예수 그리스도께서 우리를 대신해 십자가 달려 죽으신 이유입니다. 간구만 아니라 예수 이름으로 명령하는 기도도 해야 합니다.

성령님은 우리가 이 땅에서 하나님 자녀로 기도하며 천국 같이 살다가 천국에 가게 하려고 오신 것입니다. 예수님이 말씀하셨습니다. "지금까지는 너희가 내 이름으로 아무 것도 구하지 아니하였으나 구하라. 그리하면 받으리니 너희 기쁨이 충만하리라."(요 16:24)

모든 일을 기도로 시작하고 기도로 끝내기 바랍니다.

기도의 능력을 믿으십시오.

용서의 비결

초판 1쇄 인쇄 | 2024년 4월 25일
초판 1쇄 발행 | 2024년 4월 30일

지은이 | 김열방 김사라 김민혁 김추수 박미혜

발행인 | 김사라
발행처 | 날개미디어
등록일 | 2005년 6월 9일, 제2005-44호
주소 | 서울특별시 송파구 백제고분로9길 6(잠실동, A동 3층)
전화 | 02)416-7869
메일 | wgec21@daum.net

저작권은 '날개미디어'에 있으며 무단 전제와 복제를 금합니다.

종이책 ISBN: 979-11-92329-35-2 (03230)
전자책 ISBN: 979-11-92329-36-9 (05230)

종이책값 20,000원
전자책값 20,000원